دليل الأسرة إلى
صعوبات التعلم

# دليل الأسرة إلى صعوبات التعلم

مؤسسة الطريق للنشر والتوزيع

رقم الإيداع لدى دائرة المكتبة الوطنية (2005/9/2290)

371,9

القبالي، يحيى

دليل الأسرة إلى صعوبات التعلم/ يحيى القبالي – عمان:

مؤسسة الطريق، 2005.

( ) ص

ر.أ: (2005/9/2290).

الواصفات: /صعوبات التعلم //التعلم الخاص //الأسرة /

* تم إعداد بيانات الفهرسة والتصنيف الأولية من قبل دائرة المكتبة الوطنية.

الطبعة الأولى

2008م – 1429هـ

دار الطريق للنشر والتوزيع

# الفهرس

## المقدمة

بسم الـله الرحمن الرحيم

والصلاة والسلام على رسوله الأمين محمد بن عبد الـله وعلى آله وصحبه ومن والاه.

إنه من دواعي سروري أن يكون هذا الدليل (دليل الأسرة إلى صعوبات التعلم) كتابا مكملا لكتاب مدخل إلى صعوبات التعلم الذي تشرفت بتأليفه ولاقى إقبالا منقطع النظير وقد نفذت الطبعة الأولى منه بزمن قياسي لا يتجاوز الثلاثة شهور لأهميته، ولندرة المراجع العربية المقدمة في مجال صعوبات التعلم.

وإني آمل أن يلقى هذا المؤلف الجديد هذا كل نجاح في الأوساط التربوية والأسرية لا سيما وأنه أول دليل يطرح في هذا المجال، يختصر المعلومات ويبسطها للأسرة، للتعرف على صعوبات التعلم عند أطفالكم. والتعرف على طرق التشخيص والعلاج وسير العمل في غرف مصادر التعلم " غرفة صعوبات التعلم ".

أتمنى أن أكون قد أجبت عن كل سؤال يدور في ذهن كل مختص أو ولي أمر أو مهتم في هذا المجال مع الأخذ بعين الاعتبار أن هذا الدليل وغيره من الكتب لا يغني عن التزود الدائم والبحث والسؤال عن كل جديد في هذا المجال.

و الـله أسأل العون والتوفيق والسداد والعمل لمصلحة أجيالنا المقبلة.

المؤلف

الفصل الأول
إضاءات حول صعوبات التعلم

## إضاءات حول صعوبات التعلم

**يجب أن تعرف !!**

- أنك لست الوحيد في هذا العالم يعاني من وجود طفل لديه صعوبات تعلم.
- أن هناك ملايين الأطفال الذين لم يجدوا التشخيص المناسب لضمهم إلى فئة صعوبات التعلم، ووصموا بصفات كثيرة، ولم يتوفر لهم العلاج المناسب.
- أن هناك ملايين الأطفال الذين تركوا المدرسة وانخرطوا في المجالات المهنية الأخرى التي لا تتناسب ميولهم، ولم يكن لديهم خيار آخر، لعدم المعرفة الصحيحة لما يعانون منه.
- أن الطفل الذي يعاني من صعوبات التعلم ليس مشكلة، بل لديه مشكلة.
- أن صعوبات التعلم ليست عيبا، ويمكن التعامل مع هذه المشكلة بطرق علمية حديثة واستراتيجيات فعالة.
- أن هناك نقاط قوة كثيرة في الطفل الذي يعاني من صعوبات التعلم يجب التركيز عليها.
- أن الطفل الذي يعاني من صعوبات التعلم طفل ذكي وهو يعي مشكلته بشكل واضح.

- أن الطفل الذي يعاني من صعوبات التعلم، يجعلك في حيرة من أمرك؛ لما يتمتع به في كثير من الأحيان بلباقة اجتماعية عالية وذكاء في مجالات أخرى قد لا يتقنها كثير من الطلبة العاديين.

- أن الطفل الذي يعاني من صعوبات التعلم قد يكون متفوقا أو موهوبا أو مبدعا في مجالات أخرى أكاديمية أو غير أكاديمية.

- أن الطفل الذي يعاني من صعوبات التعلم، يبحث دائما عن استراتيجيات خاصة به لتعويض النقص الحاصل لديه جراء هذه الصعوبة، وتقد ينجح في كثير من الأحيان.

- أن الطفل الذي يعاني من صعوبات التعلم، طفل مرهف الإحساس، ومحبط داخليا، ويقلل دائما من تقديره لنفسه، وقد لا يقبل التكريم والمساعدة والمديح، خاصة في المواقف الاجتماعية العامة.

- أن نسبة انتشار صعوبات التعلم في الدول المتقدمة تتعدى 3% من مجموع الطلبة.

- أن نسبة من يعانون من صعوبات التعلم من الذكور تعادل 3 أضعافها لدى الإناث.

إن أول سؤال يمكن أن يخطر ببال والدي الأطفال بعد معرفتهم بأن لديهم طفلا من ذوي صعوبات التعلم هو: لماذا حدث هذا ؟ وما هو الخطأ الذي سبب حدوث المشكلة ؟

إن أسباب صعوبات التعلم لم تعرف بعد بشكل واضح، ولهذا فإن معرفة السبب لن يفيد الطفل في شيء بقدر ما يفيد التفكير الجدي في إيجاد الطرق السليمة للتعامل مع حالته، ومع ذلك فسوف يتم شرح أسباب صعوبات التعلم في

الصفحات المقبلة لمجرد العلم فقط في احتمالية هذه الأسباب. ولكن يجب أن يضع والوالدان في اعتبارهم أن التفكير في السبب لنا يجدي نفعا بقدر ما يجدي العمل لمحاولة تخطي الصعوبات المحادثة للطفل.

إن الإنكار والخوف والقلق والارتباك والإنهاك والحزن والغضب وحتى التفاؤل، هي مشاعر الوالدين المتأججة والمتضاربة عندما يكتشفون أن طفلهم من ذوي صعوبات التعلم، فيشعر الوالدان ومن يتعامل أو يعيش مع هذا الطفل أن لا فائدة منهم، أو أنهم غير قادرين على تلبية حاجاته أو التعامل معه، أو قد يشعر الوالدان، بالوحدة وأن من حولهم لا يعرفون ما يعانونه مع هذا الطفل وتقبل حقيقة وجود طفل من ذوي صعوبات التعلم، من الأمور الصعبة لدى والدي الأطفال.

**تعريف صعوبات التعلم**

هناك أكثر من تعريف لصعوبات التعلم، وكل تعريف يرجح أسباب صعوبات التعلم من وجهة نظره الخاصة حسب العلم الذي ينتمي إليه سواء في المجال الإكلينيكي أو المجال الأكاديمي أو غيره من المجالات. ومختصر هذه التعريفات ما يلي:

" إن الأطفال ذوي صعوبات التعلم هم أولئك الأطفال الذين يعانون من اضطرابات في واحدة أو أكثر من العمليات السيكولوجية الأساسية، المتضمنة فهم واستخدام اللغة المنطوقة أو المكتوبة، وهذه الاضطرابات قد تتضح في ضعف القدرة على الاستماع أو التفكير أو التكلم أو القراءة أو الكتابة أو التهجئة أو الحساب وهذا الاضطراب يشتمل حالة مثل الإعاقات الإدراكية، التلف الدماغي البسيط، والخلل الدماغي البسيط وعسر الكلام والحبسة الكلامية

النمائية، وهذا المصطلح لا يشتمل الأطفال الذين يواجهون مشكلات تعليمية ترجع أساسا إلى العلاقات البصرية أو السمعية أو الحركية أو التخلف العقلي أو الاضطراب الانفعالي أو الحرمان البيئي أو الاقتصادي أو الثقافي ".

## أين تقع فئة صعوبات التعلم
## على منحنى التوزيع الطبيعي للذكاء ؟

من خلال الرسم البياني التوضيحي التالي يمكننا ملاحظة موقع ذوي صعوبات التعلم على المنحنى الطبيعي لتوزيع الذكاء. إذ تقع هذه الفئة ضمن الفئة العادية وتمتد إيجابا حتى تصل إلى فئة المتفوقين والموهوبين والمبدعين.

بعبارة أخرى فإن درجة ذكاء ذوي صعوبات التعلم تبدأ من درجة 85-160 على مقياس الذكاء. وصعوبة التعلم ليست إعاقة بحد ذاتها بقدر ما تكون في كثير من الأحيان عامل دفع مؤثر في اتجاه استغلال مواطن القوة لدى الطفل الذي يعاني من تلك الصعوبات؛ وذلك لأن ذلك الطفل يمتلك قدرة ذكائية عادية أو أكثر مما يجعله على وعي تام بمشكلته ويحثه في الوقت نفسه لاستغلال مواطن قوته وتجاوز نقاط ضعفه.

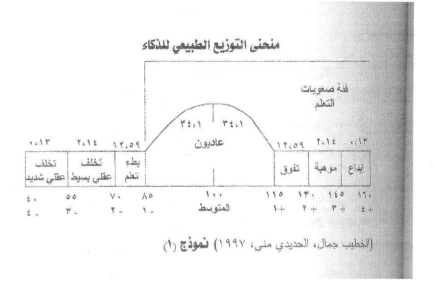

**منحنى التوزيع الطبيعي للذكاء**

فئة صعوبات التعلم
٣٤،١
٣٤،١
عاديون
٠،١٣
٢،١٤
١٢،٥٩
١٢،٥٩
٢،١٤
٠،١٣
تخلف عقلي شديد
تخلف عقلي بسيط
بطء تعلم
تفوق
موهبة
إبداع
٤٠
٥٥
٧٠
٨٥
١٠٠
١١٥
١٣٠
١٤٥
١٦٠
٤ -
٣ -
٢ -
١ -
المتوسط
١+
٢+
٣+
٤+

(الخطيب جمال، الحديدي منى، ١٩٩٧) **نموذج** (١)

وتؤكد الأبحاث في هذا المجال على ذلك القول من خلال استعراض بعض الشخصيات العالمية التي كانت تعاني من صعوبات التعلم وفي الوقت نفسه كانت تصنف ضمن فئة المتميزين (تفوق، موهبة، إبداع).

من مثل: أديسون، اينشتاين، والت دزني.. إلخ. وبما أن صعوبة التعلم قد تصاحب التفوق والموهبة والإبداع فهي كذلك قد تصاحب الإعاقات البصرية أو السمعية أو الحركية أيضا.

وبنظرة أكثر تفاؤلا فهي في الجانب الموجب لمنحنى التوزيع الطبيعي للذكاء تظهر أكثر منها في الجانب السلبي. وعلى ذلك يمكن أن يكبر الأمل لدى الآباء والأمهات والعاملين في مجال صعوبات التعلم بأن يكونوا أطفالهم ضمن فئة المتميزين بغض النظر عن الصعوبة التي يعانون منها.

## أساليب التقييم والتشخيص
## لصعوبات التعلم

للكشف عن صعوبات التعلم التي يعاني منها الطلبة ذوي صعوبات التعلم، لا بد من استخدام أدوات التقييم التي توصل إليها الباحثون والتي تتضمن أساليب تقييم مقننة وأخرى غير مقننة.

وأن محور العمل في عملية التقييم، أن يستبدل على الطريقة التي تساعد الطفل في كيفية استخدام مواطن قوته للاستفادة منها وعدم إغفال نقاط ضعفه ومحدداته؛ للبحث عن أساليب تساعده في تجاوزها أو التعويض عنها.


**وهذه الأساليب تتمثل بالآتي:**

أ- أساليب تقييم مقننة وتشمل الاختبارات الإدراكية:


1- مقياس وكسلر WISC 3 للأطفال.
2- اختبار مهارات التحليل السمعي.
3- اختبار الذاكرة السمعية التتابعية.
4- اختبار التمييز السمعي.
5- اختبار سعة الذاكرة السمعية.
6- اختبار التكامل البصري الحركي.
7- اختبار التداعي البصري الحركي.

ب- أساليب التقييم غير المقنن:

1- مقياس تشخيص المهارات الأساسية في اللغة العربي والرياضيات.
2- أسلوب إعادة السرد.
3- اختبار الإغلاق.
4- تحليل عينات من أعمال الطالب.
5- تحليل أخطاء القراءة.

ويمكن من خلال هذه الاختبارات بشقيها المقنن وغير المقنن أن نكشف عن الصعوبة التعلمية ومدى عمقها وتفسير إن كانت الصعوبة نمائية " تطورية " أم أكاديمية والشروع بإعداد استراتيجية مناسبة لعلاجها.

الاستراتيجيات التعلمية الخاصة
بذي صعوبات التعلم

تعرف الاستراتيجيات التعلمية: بأنها تقنيات أو مبادئ أو قواعد تساعد على تسهيل واكتساب وضبط وتكامل وخزن واسترجاع المعلومات التي تقدم في المواقف والأوضاع التعليمية المختلفة.

وهناك استراتيجيات خاصة لذوي الصعوبات التعلمية ولقد أظهر البحث في ميدان نماذج التعلم أن تحصيل الطالب يزداد ازديادا ملحوظا عندما يتعلم في

البيئة التي يفضلها من حيث الصوت والهدوء والضوء.. الخ،وعندما تستغل جوانب القوة لديه في التعلم.

وتوزع هذه الاستراتيجيات حسب نموذج الطلب التعليمي سواء كان نموذجه التعليمي:

| | |
|---|---|
| 1- بصريا | 2- سمعيا |
| 3- لمسيا | 4- حركيا |

وعلى ضوء هذا التوزيع يتم تخصيص الوسائل والأساليب والأنشطة بما يناسب كل نموذج.

إن التشخيص والتقييم المبكر وتحديد الطرق والمواد والأساليب المناسبة في ضوء نماذج تعلم الطالب تقلل بشكل ملحوظ من فرص الفشل لديه.

**نماذج من الطلبة**
**ذوي صعوبات التعلم**

إن في عرض مثل هذه النماذج على أولياء أمور الطلبة ذوي صعوبات التعلم تعمل على تثبيت قلوبهم وتهدئة عواطفهم وبث روح الأمل لديهم وازدياد الثقة فيهم لنجاح الأساليب والاستراتيجيات الموجهة لمثل هذه الفئة من الطلبة.

**النموذج الأول:**

توني طفل عمره (9 سنوات) ويدرس في مستوى الصف الرابع، وتم تحويله التقييم؛ لأنه لم يتعلم القراءة. وعدم القدرة على القراءة قد تسبب عن تخلف عقلي أو إعاقة سمعية شديدة أو قصور بصري واضح. ولاستبعاد هذه الاحتمالات تم فحص الطفل في المجالات جميعها، فقد كانت حدة الإبصار ضمن

المعدل العادي، وقد أوضح اختبار التخطيط السمعي وجود قدرات سمع عادية، وقد كان عمره العقلي حسب اختبارات الذكاء مساو لعمر عشر سنوات، وهو يحضر إلى المدرسة بشكل منتظم مذ كان عمره 6 سنوات، وكان تحصيله في العمليات الحسابية في مستوى الصف الرابع.
ولكن مستوى درجته في القراءة كان منخفضا عن مستوى الفصل الأول الابتدائي. مما يظهر بوضوح أن هناك تباينا أو تباعدا واضحا بين ذكائه وقدراته على القراءة بشكل غير كاف.

والسؤال المهم الذي يجب أن يسأل في حالة هذا الطفل لمعرفة سبب عدم مقدرته على ترميز الكلمات والجمل بعد التحاقه بالمدرسة لمدة ثلاثة سنوات، مع أن نسبة ذكائه تشبه متوسط أداء أقرانه، وكذلك تمتعه بحدة إبصار وسمع عادية، وبالتالي فإن السؤال الذي يجب أن يطرح هو: ما هي القدرة أو قدرات التعلم النمائية التي يعاني الطفل من تأخر فيها ؟

أو ما هي المهارات (المتطلبات السابقة لتعلم القراءة) التي لم تنمو أو لم تعمل بدرجة مناسبة ؟

ما الذي منع الطفل من تعلم القراءة باستخدام طرق التعلم المستخدمة مع الطلبة العاديين ؟

لقد كشفت عملية التقييم أن هناك عجزا في قدرتين من القدرات النمائية، الأول كان عجزا في تركيب وجمع الأصوات. فقد قدمت للطفل كلمة من ثلاثة أصوات ج. ل. س. إلا أن الطفل لم يكن قادرا على جمع هذه الأصوات في كلمة واحدة.

أما الصعوبة النمائية الثانية فكانت تتمثل في الذاكرة البصرية، إذ لم يتمكن الطفل من إعادة كلمة عرضت بصريا من الذاكرة، فعلى سبيل المثال كتبت كلمة " حصان " على السبورة وقد أخبر الطفل بأن الكلمة هي كلمة "

حصان " ومن ثم مسحت الكلمة وطلب من الطفل أن يكتب الكلمة التي كانت مكتوبة على السبورة من الذاكرة، وقد كررت العملية سبع مرات قبل أن يتمكن الطفل من كتابة الكلمة من الذاكرة. وفي ضوء ذلك تم افتراض أن صعوبات التعلم النمائية المتمثلة في ضعف توليف الأصوات (إدراك سمعي) وفي ضعف القصور (ذاكرة بصرية) هي التي تمنع الطفل من تعلم القراءة.

وقد اكتشف أيضا بأنه بالرغم من أن حدة الإبصار عند الطفل عادية إلا أن لديه عدم اتزان شديد في عضلات العين، وهو ما قد يسهم بدوره في صعوبات الذاكرة البصرية ومن خلال استخدام الطريقة الصوتية في تعلم القراءة وكذلك تطور التصور في معرفة الكلمات المرئية. وبتطور هاتين القدرتين في مهمة القراءة تعلم الطفل هذه المهمة، وأصبح في مستوى ممن هم في مثل صفه وسنه. (سرطاوي، زيدان 1988).

النموذج الثاني:

طلال طفل عمره (9 سنوات) ويدرس في مستوى الصف الرابع الابتدائي.

يعاني طلال من تدني مستوى التحصيل في مادة الرياضيات والشكوى الدائمة من والديه ومعلمه لتدني تحصيله وقد تم تحويله للتقييم في مركز مصادر التعلم - صعوبات التعلم - في مدرسته. حيث انطبقت عليه شروط التحويل، من خلال القائمة الموزعة على معلمي مواد اللغة العربية والرياضيات في بداية العام الدراسي والتي تضم صفات وخصائص الطلبة الذين يعانون من صعوبات تعلمية، وتم تحويله من قبل معلم الرياضيات.

وكشفت الاختبارات غير المقننة والتي تمثلت في جمع عينات من أعمال الطالب، واختبار الرياضيات لمستوى الصفوف الرابع، والثالث، والثاني، والأول الابتدائي أن مستوى طلال يساوي مستوى الصف الأول الابتدائي " الفصل الثاني ".

ولم يكن طلال يعاني من مشكلة تعليمية، حيث أنه منتظم في دراسته ولا تتكرر حالات الغياب لديه ولا يعاني من أمراض عضوية، وهو ضمن مجموعة صفية واحدة منذ الصف الأول الابتدائي. وبنفس المدرسة. وأن مستوى طلاب الصف الذي ينتمي إليه جيد جدا مقارنة مع مستوى الصفوف الأخرى.

لم يكن طلال قادرا على جمع عددين عموديا:

$$\begin{array}{r} 12 \\ 5\ + \\ \hline 67 \end{array}$$

حيث يجمع الآحاد مع منزلة العشرات.

ولا يعرف ماذا يعني مصطلح الكسر، إذ لم يستطيع أن يتعرف على $\frac{1}{2}$ العشرة.

ولا يعرف من المنازل إلا المنازل الثلاث الأولى آحاد، عشرات، مئات. ويخطئ في ترتيب الأعداد ومدلولاتها في هذه المنازل في كثير من الأحيان.

كان مستوى طلال وتحصيله في المواد الأخرى يدعو للحيرة والاستغراب مقارنة مع مستواه في مادة الرياضيات. حيث استدعى ذلك الأمر تدخل المعالج لمعرفة إن كانت هناك أسباب أخرى تتمثل في مشكلات تعليمية ترافق هذه الصعوبة.

وتبين بعد التحري والسؤال، أن طلال يقوم بتقمص شخصية مهرج الصف في حصة مادة الرياضيات، ولا يعير المادة أي انتباه بالرغم من تدخل معلم المادة لأكثر من مرة لشد انتباه، وتوجيهه لعدم عرقلة سير الحصة، مما جعل المشكلة في هذه الحالة مشكلة مركبة.

وكان واضحا أن ما يقوم به طلال خلال حصة الرياضيات هو عبارة عن استراتيجية تعويضية تتمثل في فرض سيطرته على زملائه والاستهزاء بمعلم المادة وعدم الاكتراث بالنتيجة المترتبة على ذلك وكل ذلك لعدم مقدرته على فهم واستيعاب الخطوات المنطقية الرياضية للقواعد الرياضية المختلفة والمتنوعة.

وأظهرت الاختبارات بأن طلال يعاني من صعوبة غائية في الذاكرة البصرية، وضعف المعالجة الرياضية. وبناء على ما تقدم فقد تم تطبيق استراتيجيات خاصة في مادة الرياضيات تركزت على استخدام النماذج المحسوسة، واللوحات المغناطيسية، وتجزئة المهمة، بالإضافة للكتاب المدرسي حيث تم الرجوع معه ابتداء من كتاب الصف الأول الأساسي حتى الصف الرابع. وكان تحصيل طلال في اختبار نهاية الفصل 30/25.75.

وتمت متابعة طلال في الصف الخامس حتى كتابة هذا التقرير وكان تحصيله في اختبار نصف السنة الدراسية 84%.

**النموذج الثالث:**

خالد طفل في الصف الثاني الابتدائي، تم تحويله إلى مركز صعوبات التعلم في المدرسة، بناء على رغبة والدته ومعلم فصله والمرشد الطلابي، حيث تبين بعد إجراء الاختبارات غير المقننة أن خالد يعاني من صعوبة تعلمية شديدة

في كافة مهارات اللغة العربية. ديسلكسيا، ديسغرافيا، امينزيا تعبيرية، " التهجئة ".

بالإضافة لوجود حبسة كلامية شديدة ذات منشأ عصبي بحسب المعلومات المشتقة من المقابلة الأسرية.

## البرنامج العلاجي:

لقد تم إعداد برنامج نفسي تربوي وخطة فردية لمعالجة الجانب الأكاديمي (صعوبة التعلم) بالإضافة للجانب النفسي العصبي (الحبسة الكلامية) وذلك بالاتفاق مع والديه، حيث أن سجل خالد الطبي يشير إلى أنه يخضع لعلاج في أحد مراكز النطق التابعة للمستشفى الذي يعالج فيه، لمدة تزيد عن سنة دون أي تحسن بذكر.

لقد تم الاتفاق مع والديه على أن يتوقف برنامج مراجعة المستشفى لمدة شهر، لتسنى لنا تطبيق استراتيجيات العلاج الخاصة بصعوبات التعلم والوقوف على مدى التقدم وتقييم الوضع بأسلوب علمي واضح.

## النتائج:

لقد تم بحمد الـلـه تعالى تحقيق الأهداف بشكل تام وبنسبة نجاح 100%.

وخالد الآن يمارس حياته الأكاديمية بجد ونشاط على قدم المساواة مع زملائه في الصف، بعد أن كان عرضة للتهكم والإحباط وحصل في نهاية العام الدراسي على تقدير امتياز في المواد كافة.

علما أن مدة العلاج استمرت شهرين بشكل مكثف في المدرسة والبيت وبتعاون الأسرة ومعلم الفصل وخالد الآن في الصف الثالث الأساسي حيث

حصل على تقدير امتياز في نهاية الفصل الأول ويتمتع بصحة جيدة وعلاقات اجتماعية مميزة لحين كتابة هذا التقرير.

ثمة موضوع آخر لا بد من طرحه في هذا الدليل لما له من أهمية قصوى وتأثير كبير على سير الحياة الأكاديمية والاجتماعية للأطفال ألا وهو:

**النشاط الزائد وقلة الانتباه**

**Attention deficit Hyper activity Disorder**

**أو فرط النشاط وعجز الانتباه**

إن أول ما يتبادر للذهن عند ذكر صعوبات التعلم هو الحركة الزائدة وقلة الانتباه، فنجد كثيرا من الآباء يرددون:

" إن ابني لا يمكنه أن يبقى ساكنا أبدا، فهو دائم الحركة والنشاط، ولا يمكن السيطرة عليه أو شد انتباهه إلا لفترات قصيرة جدا "

" إن حركة ابني الزائدة ونشاطه الملفت للانتباه تجعلني أواجه حرجا كبيرا في المناسبات الاجتماعية وخاصة الأسرية منها "

" إني لا أرى ابني يجلس أبدا أو يركز انتباهه على شيء ما... يحاول مشاكسة إخوانه وتسلق الجدران والشبابيك... وجعل الجو المنزلي فوضوي "

**ويقول العاملون مع هذا الطفل وخاصة معلمو الفصول:**

" إنه لا يركز انتباهه للشرح... يتشتت بشكل دائم... كل حركة أو صوت داخل الفصل وخارجه تلفت انتباهه... لا يجلس ساكنا أبدا ينتحي طرف المقعد بشكل دائم... يتمتم بكلمات لا يفهمها غيره في كثير من الأحيان... يحشر أنفه فيما لا يخصه... يجيب قبل نهاية السؤال... إلخ ".

● إن السؤال التربوي المطروح على الساحة التربوية في مثل هذه المواقف هو:

كم طفل مشاكس يمكن أن يخل بنظام الصف ؟

الجواب: طفل واحد فقط.

فما بالك إن كان هناك ثلاثة أو أربعة أطفال على مثل هذه الشاكلة في الصف الواحد ؟

كل هذه التساؤلات والملاحظات تدعونا للتعرف على مصطلح النشاط الزائد وعجز الانتباه.

## المختصر ASHD

إن النشاط الزائد وقلة الانتباه هو عبارة عن درجة غير طبيعية من الحركة الزائدة وضعف التركيز تظهر على سلوك الطالب في أكثر من مكان، مثل البيت أو المدرسة أو الشارع. وتبدو هذه الحركة واضحة في كثير من الأحيان قبل سن السابعة. وتنتشر هذه الظاهرة بين كثير من الطلبة، وتكمن المشكلة في كيفية التعامل مع هذه الفئة وقلة المعلومات المتوفرة عن هذه الظاهرة مع الأخذ بعين الاعتبار أن هؤلاء الطلبة ليسوا مشاغبين أو عديمي التربية، ولكن عندهم مشكلة مرضية لها تأثير سيئ على التطور النفسي للطالب وتطور ذكائه وعلاقاته الاجتماعية، ويكمن الجزء الأكبر من المشكلة في اتهام الأهل من قبل المجتمع بعدم قدرتهم على التربية، بالإضافة للجهد الكبير المضاعف الذي يبذلونه في التعامل مع هذا الطالب.

## أساليب النشاط الزائد

لم يتوصل العلم بعد لسبب رئيس يحدد أصل هذه الظاهرة ولكن للوراثة دورا مهما جدا بالإضافة لعدة عوامل منها:

إصابة الجهاز العصبي المركزي قبل وأثناء وبعد الولادة بنقص الأوكسجين، الولادة المبكرة، تناول الأم أدوية معينة أثناء الحمل، التعرض لنسبة عالية من مادة الرصاص، خلل في وظائف الدماغ الكيميائية بالإضافة للعوامل الاجتماعية المتمثلة في الحرمان العاطفي، والمشكلات الأسرية والموضع الاقتصادي والحرمان البيئي، والدلال الزائد.

وهناك عوامل كيميائية أخرى تتعلق بالعملية الاستقلابية " هضم الطعام وتوزيعه في الجسم " وكيمياء الدم مثل زيادة في الطاقة الناتجة عن تناول الأطعمة المحتوية على كميات كبيرة من السعرات الحرارية حيث يتطلب تفريغ مثل هذه السعرات نشاطا فكريا وجسديا مضاعفا.

### الأعراض الرئيسية للنشاط الزائد وقلة الانتباه ADHD

1- **الحركة الزائدة:** حيث يظهر الطفل عدم قدرته على البقاء في مكان واحد أو مقعد لفترة زمنية بسيطة، وعادة ما يتسلق ويجري في كل مكان ولا يهدأ أبدا.

2- **قلة الانتباه:** إن المدة الزمنية لدرجة انتباه هذا الطفل قصيرة جدا، ولا يستطيع أن يستمر في إنهاء نشاطه أو مهمة معينة، ويبدو وكأنه لا يستمع لمن يتحدث معه، وعادة يفقد أغراضه، وينسى أين وضع أدواته.

3- **الاندفاع:** يجيب عن الأسئلة قبل الانتهاء من سماع السؤال، ويقاطع من يتحدث بشكل دائم ويتصدر المواقف بشكل فوضوي وعفوي.

## المكونات السلوكية ADHD

- لا يستقر الطفل على حال ولا يجلس بهدوء ولا يقف ساكنا.
- اندفاعي متهور.
- لا يتحمل الإحباط، سريع الهيجان.
- لا يستطيع أن ينجز ما هو مطلوب منه في الوقت المحدد.
- يتصف بسهولة التشتت البصري والسمعي.
- يتململ كثيرا، ويفرقع بأصابع يديه، ويدق بقدميه ويعبث بقلمه والأشياء من حوله، ويثرثر بأصوات وكلام لا ينقطع.
- يتنحى طرف المقعد، ويعتريه الارتباك ولا يجلس منتصب القامة ويرتكي برأسه على المقعد، ويبدو متعبا.
- يسلك سلوكا ملبيا مشاكسا.
- يبالغ في ردود أفعاله ويحشر أنفه في ما لا يعنيه.
- لا يمتثل القواعد والتعليمات ويبدي بأنه لم يسمع بها.
- متقلب المزاج، فوضوي، يضيع كتبه وأدواته ولا يتأثر بالتوبيخ.
- يلعب دور مهرج الصف، ويسلك سلوكا مسرحيا.
- يتجنب المشاركة في النشاطات، انسحابي، يدعي المرض يميل إلى التخريب والتدمير.

**تشخيص ADHD**

يتم التشخيص الأولي من خلال ملاحظة الوالدين والمعلمين لسلوك الطفل في البيت والمدرسة حيث تعتبر هذه الملاحظة قاعدة مهمة لكل طفل لمعرفة درجة مقياس سلوكه. وذلك من خلال تعبئة قوائم الرصد والمقاييس الخاصة بهذه الظاهرة، ومن ثم تحويل الطفل إلى العيادات النفسية الخاصة بالأطفال ومن ضمنها غرفة صعوبات التعلم في المدرسة.

تختلف طريقة التشخيص من دولة إلى دولة أخرى ففي الدول المتقدمة يتم تشخيص هذه الظاهرة حسب الشروط الواجب توافرها فمثلا في دول أوروبا وبريطانيا يجب توفر ثلاثة شروط لاعتماد هذه الظاهرة، لذلك نجد نسبة انتشارها بين أطفال تلك الدول تصل إلى 5% أما في الولايات المتحدة الأمريكية تعتمد هذه الشروط وبالتالي نجد أن النسبة مرتفعة وقد تصل 10% - 20% من الأطفال.

**نموذج استبانة تشخيص ADHD**

انموذج الاستبيان هو عبارة عن سلم تقدير يعطي مؤشرا على وجود الحركة الزائدة، بالإضافة لملاحظة الوالدين والعاملين مع الأطفال ذوي صعوبات التعلم.

اسم الطالب:.......

اسم المقيم:.......

التاريخ:.........

عمر الطفل:....

فيما يلي أوصاف متعددة لسلوك الأطفال، نرجو قراءة كل وصف على حدة، ومقارنة سلوك الطالب بسلوك الطلاب الآخرين في صفه.

## ضع دائرة حول الرقم الذي أقرب ما يمكن إلى تقييمك:

### السلوك:

1- يعمل جيدا بصورة مستقلة.

2- يثابر على المهمة لمدة معقولة من الزمن.

3- يتم المهمة الموكلة إليه على نحو مرضي مع القليل من المساعدة الإضافية.

4- يتبع سلسلة من الإرشادات.

5- يتبع التوجيهات البسيطة بدقة.

6- يشارك جيدا أثناء الدرس.

## فرط النشاط

7- ذو نشاط زائد جدا " يبقى خارج المقعد لا يمل "

8- يبالغ في رد الفعل.

9- متململ " يداه مشغولتان دائما ".

10- اندفاعي " يعمل أو يتكلم دون تفكير ".

11- لا يهدأ " دائم الحركة في مقعده ".

12- سلوكه إيجابي مع الأقران/ رفاق الصف.

13- كلامه واضح مترابط.

14- الاتصال غير الشفهي دقيق.

15- يتبع القواعد السلوكية والآداب الاجتماعية للمجموعة.

16- يستشهد بقاعدة عامة حينما ينتقد قائلا " لا يفترض فينا أن نفعل ذلك "

17- بارع في تكوين أصدقاء جدد.

18- يعالج الأوضاع بثقة.

## المشاكسة:

19- يحاول إيقاع الآخرين في مأزق.

20- يبدأ في العراك لأسباب تافهة.

21- يهزأ من الآخرين.

22- يتحدى السلطة.

23- يناكد " يعيب على الآخرين "

24- لئيم وفظ مع الأطفال الآخرين.

## هذا الطفل

25- مقبول من أقرانه. رفاق صفه.

26- مطلوب " مرغوب " للنشاطات الجماعية.

27- يتطلب قدرا كبيرا من وقت المدرس لمساعدته، فيما يتعلق بالمشاكل الاجتماعية والعاطفية.

28- يتطلب قدرا كبيرا من وقت المدرس لمساعدته فيما يتعلق بالمشاكل الأكاديمية.

| | كبير جدا<br>2+ | كبير<br>1+ | متوسط<br>∴ | ضعيف<br>-1 | ضعيف جدا<br>2- |
|---|---|---|---|---|---|
| | | | | | |

**العلاج**

**علاج النشاط الزائد وعجز الانتباه.**

إن النشاط الزائد وعجز الانتباه، اضطراب شائع وتزيد نسبته لدى الذكور بمعدل (3-9) أضعاف عنه لدى الإناث.

ومع أن هذا الاضطراب يحدث في المراحل المبكرة إلا أنه قليلا ما يتم تشخيصه لدى الأطفال في مرحلة ما قبل المدرسة.

وقد توصل المختصون في هذا المجال إلى أن أسباب هذه الظاهرة يقع ضمن أربع عوامل هي:

1- العوامل الجينية.

2- العوامل العضوية.
3- العوامل النفسية.
4- العوامل البيئية.

**ويمكن تقسيم هذه العوامل إلى قسمين رئيسيين:**

أ- عوامل داخلية.
ب- عوامل خارجية.

وبما أن النشاط الزائد وقلة الانتباه يصنف كحالة مرضية ومشكلة تربوية بحاجة ملحة لحل جذري بخدم الطالب والمعلم وولي الأمر في آن واحد فإن أكثر الطرق استخداما لعلاج هذه الظاهرة هي:

أ- العقاقير المنشطة نفسيا.
ب- أساليب تعديل السلوك.

**أ- العقاقير المنشطة نفسيا:**

أما فيما يتعلق بالعقاقير الطبقية فهي تحقق نجاحا في كثير من 60% من الحالات، وتتضمن العقاقير المستخدمة لمعالجة النشاط الزائد وعجز الانتباه - الريتالين، الدكسيدرين، والسايلر - فمع أن هذه العقاقير منشطة نفسيا إلا أنها تحد من مستوى النشاط الزائد، وذلك بسبب اضطراب الجهاز العصبي لدى الأطفال الذين يعانون من هذه الظاهرة.

وبما أن النشاط الزائد غالبا ما ينخفض بشكل ملحوظ في بداية مرحلة المراهقة فإن العقاقير يتم إيقافها عندما يبلغ الطفل " 12، 13 عاما " من عمره.

إن مثل هذا القول يدفعنا إلى السؤال التالي:

- ماذا يفعل الدواء ؟

لقد أثبتت التجارب العملية وعلى مدار سنوات أن هذا الدواء:

1- يخفف من الحركة.
2- يجعل الطفل هادئا لوقت أطول.
3- يخفف من السرعة.
4- يساعد على التركيز لفترة أطول.
5- يجعل الطالب ينجز أعماله بدقة أكثر.
6- يحسن انتباه الطالب.
7- يجعل الطالب يستمع للآخرين لمدة أطول.
8- يخفف من التهور والاندفاع.
9- يجعل الطالب يتبع التعليمات بشكل أفضل.
10- قد يجعل الطالب بفكر قبل أن يتصرف.

ويجب في كافة الأحوال أن يتضمن البرنامج العلاجي برنامجا غذائيا يتزامن مع فترة تناول الدواء. بحيث يتم التقليل من تناول المواد الغذائية المحتوية على سعرات حرارية كبيرة في الفترة التي يتناول فيها الطفل الدواء وبخاصة وجبة الإفطار.

ويمكن تعويض هذه السعرات بتناول الأغذية الغنية بها في فترة ما بعد الدوام المدرسي. أي فترة الغداء والعشاء.

**ب- أساليب تعديل السلوك**

إن هذه الأساليب تشمل إعادة تنظيم البيئة الأسرية والصفية بحيث تخلو من الإثارة البصرية والسمعية الشديدة، وتزيد من مستوى الانتباه، وكذلك بينت الدراسات فاعلية التدريب على تنظيم الذات معرفيا " الملاحظة الذاتية والضبط الذاتي واللفظي والتعزيز الإيجابي ".

وهناك طريقة أخرى من طرق تعديل السلوك هي طريقة الاسترخاء، حيث يتم تدريب الأطفال على الاسترخاء العضلي التام في جلسة تدريبية منظمة، على افتراض أن الاسترخاء يتناقص والتشتت والحركة الدائمة.

بالإضافة للألعاب التربوية الفكرية التي تستنفد الطاقة بالتفكير عوضا عن الحركة فتستغرق وقتا كافيا للوصول إلى حلول مناسبة، وتكون في الوقت نفسه مشوقة وتعمل على تحدي تفكير الطفل ومعالجته للمعلومات.

هذا بالإضافة إلى مد يد العون وبناء جسور من الثقة بين الطفل ومعلمه ووالديه والتي تتطلب منهم الهدوء والروية والتعامل بعطف وحنان وتقبل لهذا الطفل ويتم ذلك ضمن النظريات التربوية الحديثة والثقافة الواسعة حول موضوع صعوبات التعلم.

وهناك سؤال يفرض نفسه بإلحاح وبصورة دائمة حين يطرح موضوع النشاط الزائد وقلة الانتباه وهو:

**س:** هل يعتبر النشاط الزائد وعجز الانتباه مؤشرا على صعوبات التعلم ؟

ج: غالبا ما يصاحب النشاط الزائد وقلة الانتباه الصعوبة التعلمية، ولكنه ليس سببا مباشرا لها. ولكن يمكن أن تكون الصعوبة التعلمية سببا مباشرا للنشاط الزائد.

ويدخل هذا الموضوع ضمن العوامل الخارجية المسببة للنشاط الزائد " البيئة " حيث يقوم هذا الطالب بتقمص شخصية مهرج الصف والقيام بحركات بهلوانية وتعليقات استفزازية، خاصة إذا وجد من يشجعه على ذلك السلوك، ويستغل كافة الفرص لإظهار ذاته وتعويض ما يعانيه من صعوبات، وفي هذه الحالة تكون المشكلة مركبة، حيث يستدعي التدخل العلاجي حلا لمشكلتين، وبطبيعة الحال يمكن الكشف عن وجود صعوبة تعلمية في هذه الحالة باستبعاد النشاط الزائد بالطرق العلاجية، والنظر إذا ما كان تحصيل الطالب ما زال متدنيا مقارنة مع من هم في مثل صفه وسنه، في هذه الحال يمكن القول بأن الطفل يعاني من صعوبة تعلمية أما إذا ارتفع تحصيل الطالب بمجرد استبعاد النشاط الزائد يمكن القول بأن الطالب يعاني من مشكلة تعليمية لا من صعوبة تعلمية.

وخلاصة القول، يمكن أن يكون النشاط الزائد وقلة الانتباه مصاحبا للصعوبة التعلمية وليس سببا لها. والعكس صحيح وهو يمكن أن تكون الصعوبة التعلمية هي سببا للنشاط الزائد.

# اضطرابات الذاكرة لدى الطلبة
## ذوي صعوبات التعلم

يعتبر موضوع اضطرابات الذاكرة من أهم الموضوعات التي يجب أن يكون للعاملين مع الأطفال ذوي صعوبات التعلم علم بها لأهميته. إذ تعتبر هذه الاضطرابات من أقوى المؤشرات على صعوبة التعلم.

## تعريف الذاكرة

تعد الذاكرة من أهم الخصائص التي تميز الطلبة ذوي صعوبات التعلم، وهي قدرة غير مستقلة أو منفصلة عن الوظائف العقلية والمعرفية الأخرى.

فاضطراب الذاكرة يرتبط بشكل وثيق باضطراب الانتباه واضطراب عمليات الإدراك، فمدة انتباه الفرد وقدرته على الانتباه الانتقائي وعمليات الإدراك وتفسير هذه المدركات تعتبر المدخلات الأساسية لعمليات الذاكرة، وتعرف الذاكرة بأنها:

" قدرتنا على تخزين واسترجاع الاحساسات والمدركات التي خبرناها سابقا عند غياب المثير الذي أثار هذه الاحساسات والمدركات في الأصل ".

## أنواع الذاكرة:
تقسم الذاكرة إلى أربعة أقسام هي:

1- المسجل أو المستقبل الحسي.
2- الذاكرة قصيرة المدى.
3- الذاكرة العاملة.
4- الذاكرة بعيدة المدى.

**كيف يمكننا التعرف على اضطرابات الذاكرة لدى الأطفال ذوي صعوبات التعلم ؟**

هناك مظاهر تدل بشكل واضح على أن هذا الطفل يعاني من اضطرابات الذاكرة وهي:

1- لا يستطيع أن يتذكر ما يراه منذ لحظات.

2- لا يستطيع أن يتذكر ما يسمعه من لحظات.

3- لا يستطيع أن يتذكر سلسلة من أربعة أرقام ذكرت على سمعه.

4- لا يستطيع أن ينسخ مسائل الرياضيات بدقة.

5- لا يستطيع أن يتذكر تهجئة كلمات شائعة يتعرض لها مرارا.

6- يعرف أشياء يوما ويجهلها في يوم آخر.

7- يعاني ضعفا في تذكر المفردات المألوفة لا يتعلم بتلقائية لضعف في مخزونه منها.

8- يعاني بطئا في الحفظ عن ظهر قلب (يقع في أخطاء كثيرة).

9- يعاني ضعفا في التعبير اللغوي، ولا يتذكر أسماء الأشياء ويعبر عنها بترداد كلمة (الشيء).

10- يعاني ضعفا في اللغة الاستقبالية (لا يدرك جيدا ما يسمع).

11- يرتكب الأخطاء نفسها مرارا وتكرارا ولا يبدو أنه يستفيد من تجاربه.

12- يعاني ضعفا في تنظيم الكتابة، ولا يراعي علامات التشكيل والترقيم، وقد يتخطى سطرا أو يغفل بدايات الفقرات ... إلخ.

- يجب أن تكون هذه المظاهر ملازمة للطالب ذي الصعوبة التعلمية أو أكثرها حتى يمكن الحكم عليه بأنه يعاني بالفعل من هذه الصعوبة. علما بأن هذه المظاهر قد تظهر بشكل عارض عند الأطفال العاديين ولكن لبنية لا تلاحظ بشكل واضح أو متكرر، كما هو الحال لدى طلبة صعوبات التعلم.

## الدلالات التربوية

غالبا ما تظهر مشكلات الذاكرة العاملة لدى قيام الطالب بالدراسة، أو عند قيامه بحل واجباته المدرسية، وغالبا ما يظهر هؤلاء الطلبة الاضطرابات وعدم التنظيم عند قيامهم بمهامهم الأكاديمية، لذا فإن دور المعلم وولي الأمر هو العمل على مساعدة الطالب في استخدام استراتيجيات تساعده على الاستفادة القصوى من سعة ذاكرته مثل:

1- ترديد أو تسميع المعلومات.
2- تصنيف المعلومات في مجموعات.
3- استخدام كلمات مفتاحية.
4- استخدام المعرفة السابقة وتقديم معلومات ذات معنى للطالب.

## العوامل الأساسية التي تعمل على تقوية الذاكرة

1- **الانتباه:** إن العلاقة بين الانتباه والتذكر علاقة طردية، فكلما كانت مدة الانتباه أطول كان التذكر أكبر.
2- **يجب أن يكون التعلم ذا معنى:** أي كلما ارتبط بالواقع وله مدلول واضح كان هذا التعلم ذا معنى وارتباط.

3- **الممارسة:** من الواجب أن يمارس الطالب ما تعلمه لتتكامل الخبرات لديه واستغلال كافة حواسه في التعلم، وتكرار ما تعلمه باستمرار ليتمكن من تذكر ما تعلمه نظريا بالواقع العملي.

4- **التعميم:** تطبيق ما تعلمه في الموقف التعليمي في مواقف مشابهة للموقف الأصلي. حتى في اختلاف الزمان والمكان.

## ملخص الفصل
## خصائص الطلبة ذوي صعوبات التعلم

لا بد للمهتمين في موضوع صعوبات التعلم من التعرف على الخصائص التي يتميز بها هؤلاء الطلبة فهي بمثابة المفتاح للتشخيص والعلاج، ويمكن أن تظهر هذه الخصائص في المجالات التالية:

### الاستيعاب السمعي والتذكر

أ- استيعاب معاني الكلمات:
يكون مستوى نضجه في استيعاب معاني الكلمات متدن.

ب- ابتاع التعليمات:
يكون غير قادر على اتباع التعليمات، مرتبك.

ج- استيعاب المناقشات الصفية:
غير قادر على متابعة النقاش واستيعابه.

د- تذكر المفردات:
غالبا ما لا يتذكر شيئا، ذاكرته ضعيفة.

اللغة المحكية

أ-	المفردات:
يستخدم في كلامه مفردات ذات مستوى متدن من النضج.

ب-	القواعد:
يستخدم في كلامه جملا ذات أخطاء قواعدية.

ج-	تذكر الكلمات:
غير قادر على تذكر الكلمة المناسبة.

د-	رواية القصص " إعادة السرد " والخبرات الخاصة:
غير قادر على سرد قصة بشكل مترابط ومفهوم.

هـ-	التعبير عن الأفكار:
غير قادر على التعبير عن حقائق متناثرة.


التوجه في الزمان والمكان:

أ-	تقدير الوقت:
يفتقر إلى إدراك الوقت فهو دائما متأخر أو مشوش.

ب-	التوجه المكاني:
يبدو مشوشا ويضل مكانه إذا تجول حول المدرسة والأماكن المجاورة.

ج- تقدير العلاقات:

(مثل صغير، كبير، كثير، قليل، بعيد، قريب، ثقيل، خفيف). أحكامه على مثل هذه العلاقات غير دقيقة.

د- معرفة الجهات:

مشوش بدرجة كبيرة لا يميز اليمين من اليسار والشمال من الجنوب.

## التآزر الحركي:

أ- التآزر الحركي العام:

(المشي، الركض، الحجل، التسلق).

ضعيف في تناسق حركاته.

ب- الاتزان الجسمي:

غير متزن.

ج- المهارة اليدوية:

مهارته اليدوية في مستوى ضعيف.

## السلوك الشخصي والاجتماعي:

أ- التعاون:

يعكر جو الصف باستمرار، وغير قادر على كبح تصرفاته.

ب- الانتباه:

لا يستطيع الانتباه لفترات طويلة، يتشتت ذهنه بسهولة.

ج- التنظيم:

غير منتظم، لا أبالي.

د- السلوك في المواقف الجديدة:

(الحفلات، الرحلات، تغير الروتين).

ينفعل ولا يستطيع كبح جماح نفسه.

هـ- تقبل الاجتماعي:

يتجنبه الآخرون.

و- تحمل المسؤولية:

يرفض تحمل المسؤولية ولا يبادر أبدا بأي نشاط.

ز- إنجاز الواجبات:

لا يكمل واجباته أبدا حتى مع التوجيه.

ح- اللباقة:

لا يكترث بمشاعر الآخرين.


ويمكن تلخيص هذه الخصائص بصورة أكثر تفصيلا عند عرض صعوبات التعلم النمائية " التطورية " والتي تعد مقدمة للصعوبات الأكاديمية ومؤشرا على وجودها.

## القصور في الإدراك البصري:

1- يخلط بين بعض الحروف أو الأرقام المتشابهة شكلا مثل ب ت ث، ج خ ح، ع غ.

2- يقلب بعض الحروف والأرقام مثل ب، ن أو 7، 8.

3- يتثاءب أثناء القراءة.

4- يشكو من حرقة أو حكة في عينيه، يحك عينه.

5- يشكو من عدم الرؤية بوضوح أثناء القراءة (غبش في عينيه).

6- يشيح وجهه أو يحرف كتابة بشكل غير طبيعي.

7- يغمض إحدى عينيه في أثناء العمل.

8- يرتكب أخطاء كثيرة في النسخ.

9- يفقد بشكل متكرر الموقع الذي يصله أثناء القراءة.

10- يعيد قراءة بعض السطور أو يقفز عن بعضها.

11- لا يتعرف إلى الشيء أو الكلمة إذا ظهر له جزء منها فقط.

12- تتحسن قراءته باستخدام حروف كبيرة، أو إذا كان المحتوى قليلا على الصفحة، أو بتغطية السطور التي لم يصلها في القراءة.

13- تتكرر أخطاؤه عكسا أو قلبا للكلمات أو الحروف.

14- لا يدرك الفكرة الرئيسية في الصورة وإنما بعض التفاصيل الصغيرة.

15- بطيء في التعرف إلى التشابه والاختلاف في الكلمات أو التغيرات في البيئة.

16- يكثر من المحي أثناء الكتابة.

## القصور في الإدراك البصري الحركي:

1- لا يترك مسافات مناسبة بين الحروف والكلمات.

2- لا تقع الحروف على استقامة واحدة في السطر.

3- يكتب الحروف بأشكال غريبة.

4- يكتب كما تظهر الكتابة في مرآة (عكسي).

5- لا يحصر الألوان في إطار الشكل عندما يلون أشكالا.

6- يكتب بخط غير مقروء.

7- يمسك القلم بشدة وكثيرا ما يكسر رأس قلم الرصاص أو قلم التلوين.

8- لا يستطيع القص أو القطع.

9- لا يستطيع استخدام المعاجين الملونة لتكوين أشكال.

10- لا يرتب أوراقه وأشياءه (ملقاة بشكل فوضوي).

## القصور في الإدراك السمعي:

1. يعاني قصورا في المعالجة السمعية، لا يستوعب محادثة أو درسا يلقى بالسرعة العادية، ولكنه يستوعبه إذا أعيد إلقاؤه ببطء شديد.

2. يعاني من قصور في التمييز السمعي. (لا يميز الفروق بين حركات المد القصيرة والطويلة أو الحروف المتشابهة في النطق (س، ص، ظ، ذ).

3. لا يستطيع تحديد الاتجاه الذي يأتي منه الصوت.

4. لا يستطيع التمييز بين أصوات الأشياء والكائنات المألوفة.

5. لا يستطيع اتباع التعليمات.

6. لا يستفيد من التعليم الشفهي.

## القصور في المفاهيم:

1. لا يعي طبيعة المواقف الاجتماعية، معبرا عنها بالهيئات (الأوضاع) الجسمية.

2. لا يستطيع المقارنة بين الأشياء المتشابهة أو المختلفة أو يجد صعوبة في تصنيف الأشياء.

3. لا يدرك العلاقات الزمنية مثل (الأمس، اليوم، الغد، وبعد قليل).

4. لا يستطيع أن يربط بين الفعل ونتائجه المنطقية التي تترتب عليه.

5. يعاني من قصور في التصور.

6. لا يتمتع بروح النكتة ولا يميز الدعابة من الجد.

7. لا يستطيع التعبير عن ذاته.

8. يعاني من بطء في استجابته.

9. يسهل خداعه ويتصف بالسذاجة.

10. يجد صعوبة كبيرة في الكتابة ولا يحبها.

11. يعطي استجابات مستغربة.

12. تصدر عنه في الصف تعليقات في غير مكانها وتعليلاته مستغربة.

13. يجد صعوبة في العدد والكم، مثل أكثر من أو أقل ولا يحسن تقدير الكميات.

14. يخطئ في نطق الكلمات الشائعة الاستعمال.

**من خلال ما مضى يتبين لنا أن صعوبات التعلم تقسم إلى قسمين رئيسيين:**

أ- صعوبات التعلم النمائية " التطورية " مثل:

1- الانتباه.

2- التذكر.

3- الإدراك.

4- اللغة الشفهية.

ب- صعوبات التعلم الأكاديمية مثل:

1- القراءة.
2- الكتابة.
3- الإملاء.
4- التعبير.
5- الرياضيات.

ويجب الأخذ بعين الاعتبار، أن مثل هذه الخصائص قد تظهر لدى جميع الناس وكافة الفئات العمرية، ولكنها تكون بصورة عارضة وليست دائمة، ولا تلفت الانتباه. بعكس مما يعانون من صعوبات التعلم. مع التأكيد على أن هذه الخصائص ليست شرطا أن تظهر جميعها في كل حالة " شخص "، وقد أثبتت البحوث التطبيقية على أن هذه الخصائص لا يمكن أن تجتمع في طفل أو شخص واحد.

الفصل الثاني
دور الوالدين في تنفيذ الخطة
الفردية التربوية

# دور الوالدين في تنفيذ
# الخطة الفردية التربوية

يعد الوالدان أو العاملون في رعاية الأطفال الذين تكون لهم صلة بهم مصدرا قيما للملاحظات حول تطور الطفل، ولعل الكثيرين منهم ينطلقون من استعداد تام للمساعدة لمعرفتهم التامة لما يطلب منهم تقديمه وبهدف مساعدة الطفل الذي يعاني من صعوبات التعلم، لأن يصل إلى أفضل مستوى يستطيع الوصول إليه. يجب أن تتوحد وتتفاعل جهود كل من المدرسة ومعلم الفصل ومعلم غرفة المصادر وغيرهم من المهنيين الآخرين مع جهود الأسرة، وبعبارة أخرى يجب أن يولد في ذهن ولي الأمر أنه جزء أصيل من هذه العملية الكلية.

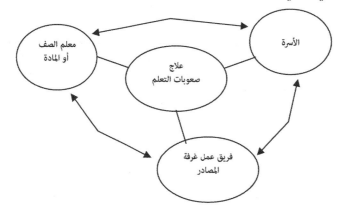

نموذج (3)

يحتاج الأهل لمعرفة الحقائق حول صعوبات التعلم ويجب أن يدركوا أن وجود طفل يعاني من هذه الظاهرة، ليس عيبا، أو مدعاة للخجل، وأن هناك استراتيجيات فعالة لمساعدة الطفل في التغلب على مشكلته أو التعويض عنها.

ويمكن استعراض ردود فعل الوالدين إزاء أطفالهم الذين يعانون من صعوبات التعلم فيما يلي:

إن للوالدين أثرا بالغ الأهمية على نمو الطفل وتطوره في مختلف الجوانب النمائية، ويزداد الأثر أهمية عندما يعاني الطفل من صعوبات تعلمية؛ إذ تبرز مشكلات مختلفة ناجمة عن ذلك، تتلخص في صعوبة تفهم مشكلات الطفل، والسعي لإيجاد حل لها، لذا كان لا بد أن يكون هناك تكامل وظيفي لعمل المؤسسات التربوية المتعددة، وإبراز دور الأسرة لتكون أكثر شأنا وأبعدها في تلقي أوجه الدعم والمساندة المختلفة.

إزاء أطفالهم الذين يعانون من صعوبات تعلمية تختلف عن ردود فعل آباء الأطفال العاديين وتتفاوت هذه الانفعالات بتفاوت قوة المشكلة ودرجة وضوحها، بالإضافة إلى عوامل أخرى مثل: المستوى الاقتصادي، والمستوى الاجتماعي، والمستوى الثقافي.

**ويمكن تلخيص ردود فعل الوالدين إزاء الصعوبة التعلمية بما يلي:**

1- الإنكار: رفض الفكرة القائلة أن الطفل لديه صعوبة تعلمية، الأمر الذي قد يؤدي إلى حرمانه من تلقي الخدمات الخاصة.

2- الشعور بالذنب: إذ يبدأ الوالدان بلوم بعضهما البعض، وبخاصة إذا كانت أحدهما يعاني من مشكلة مماثلة، أو إذا كان في تاريخه من عانى من مثل هذه المشكلة.

3- الخرف والانسحاب من الحصول على الخدمات: إذ يصبح الوالدان شديدي الحاجة لطفلهما ويحرمانه من الالتحاق بالمؤسسات التي تعنى بتقديم الخدمات المتخصصة بهذا النوع من الصعوبات، وبالتالي يحدان من قدراته.

4- تقبل الطفل ذي الصعوبة التعلمية والحرص تجاوز تلك الصعوبة وبأي ثمن كان.

ومن ناقلة القول أن يتعرف الوالدان على العوامل التي ساعدت على ظهور مبحث صعوبات التعلم ومن ضمنها المؤشرات الحكومية، لقد أدى ضغط أولياء الأمور المتزايد على الحكومات إلى الاهتمام بالأطفال ذوي صعوبات التعلم، وإعطائهم حقهم الإنساني في الحصول على التعلم، وفتح البدائل التربوية المناسبة لهم (الوقفي 1996).

نموذج الأزمات الشخصية عن اكتشاف المشكلة

| موقف الأب والأم | الأزمة الشخصية | المظاهر | الاحتياجات "دور المعالج" |
|---|---|---|---|
| تذبذب مستمر بين المراحل | مرحلة الصدقة 1 | التشويش وعدم التنظيم الانفعالي، عدم التصديق | تعاطف ودعم انفعالي |
| | مرحلة الاستجابة 2 | تعبير عن الحزن والأسى خيبة الأمل شعور بالذنب الفشل والدفاعية | الاستماع للوالدين، التفريغ الانفعالي حقيقة الأسباب |
| | مرحلة التكيف 3 | تقويم حقيقي وواقعي الإجابة عن الأسئلة الاستعداد لتقديم المساعدة | معلومات صادقة عن المعالجة الطبية والتربوية وعن المستقبل |
| | مرحلة التوجيه 4 | يبدأ الوالدان تنظيم جهودهما ويبحثان عن المعلومات ويخططان للمستقبل | توفير المساعدة والتوجيه |
| | انتهاء الأزمة 5 | تقبل حقيقة المشكلة | توفير خدمات ملائمة |

نموذج (4)

# نصائح لمساعدة الطفل على التعلم في المنزل

بعد أن عرف ولي الأمر أنه جزء أصيل من الخطة الفردية التربوية الموجهة للطفل فمن الواجب عليه معرفة ما يلي:

1- يجب أن تكون على إدراك تام بأن طفلك بحاجة للمساعدة، وأنه يختلف عن الآخرين، وأنك أقرب وأفضل من يقوم بهذا الدور.

2- استمع إلى طفلك وتحدث إليه واقرأ به، إن إعطاء الوقت والاهتمام لطفلك هما أفضل ما يمكن تقديمه.

3- تابع طفلك لتعرف المهارات والمفاهيم التي يتعلمها في المدرسة و حاول أن تعززها في المنزل.

4- يجب التركيز على مهارات الاتصال، وهي القراءة والكتابة الاستماع والكلام، فنحن جميعا بحاجة إلى القدرة على الاتصال بشكل فعال.

5- كن قدوة لأطفالك، فالأطفال الذين يشاهدون أهليهم يقرؤون، سوف يصبحون قارئين، يجب أن نزرع في نفوسهم أن القراءة عملية ممتعة، ومثل هذا لا يتحقق إلا عندما تقرأ لطفلك.

6- استغل رغبة طفلك الطبيعية لهواية أو نشاط معين كالرياضة وركوب الدراجات وتربية الحيوانات.. إلخ. ووجهه ليقرأ عن هذه المواضيع التي يحبها، بعد أن توفر له المادة المناسبة لذلك.

7- شجع طفلك بشكل منتظم على أن يتصفح الجريدة اليومية، فقد يولد ذلك لديه الرغبة في اكتساب مجالات جديدة، وفي الوقت نفسه فإنه يطور مهارة القراءة ويزيد وعيه لما يجري حوله.

8- حاول جعل كل نشاطات التعلم ملذة لطفلك قدر الإمكان، وذلك أقوى أثرا وأكثر دواما من الحوافز الخارجية.

9- حاول أ، تلم وتتابع بالمواضيع والنشاطات التي يكون لطفلك اهتمام خاص بها.

10- كن واقعيا في توقعاتك، ابدأ بنشاطات بسيطة وسهلة وزد من صعوبتها بالتدريج، لا تحاول أن تجبره على القراءة في وقت ينتظره فيه أصدقاؤه ليعلبوا معا، يجب أن تجعل عملية القراءة ممتعة لطفلك ومثيبة له، فالتحدي نافع ولكن الإحباط ضار.

11- ساعد طفلك ليتعلم التطبيقات العملية لما يتعلمه ويقرأه، حاول أن تضرب له مثلا على أننا نستخدم نفس الأسلوب عندما نذهب إلى البقالة أو نصلح السيارة أو نطهو الطعام.

12- استغل المصادر المتاحة، عرف طفلك بالمكتبة العامة، حاول دمجه بالنشاطات والبرامج التي تتيحها المدرسة، أو المجتمع المحلي، والحدائق العامة... إلخ.

13- اجعل من التعلم عملية ممتعة، فالأطفال يتعلمون من الألعاب أكثر مما يتعلمون من الوظائف البيتية لأنهم يشعرون بدافعية قوية نحو التعلم.

14- حاول إظهار ابنك من خلال نقاط القوة التي تتوفر لديه.

15- لا تحاول مقارنته بغيره من الأطفال أو الأخوة، واجعل هل شخصية مستقلة.

16- احرص على أن يذهب طفلك كل يوم تسمح به صحته إلى المدرسة.

17- تأكد من أن طفلك ينال القسط الكافي من الراحة.

18- قم بزيارة المعلم لمعرفة أداء طفلك في المدرسة.

19- شجع طفلك واثن عليه.

20- احذر جرح شعوره.

21- خصص مكانا لطفلك للدراسة واحرص على أن يكون جيد الإضاءة والتهوية، وأعطه الوقت الكافي لإكمال واجباته المدرسية.

22- ساعده في أداء واجباته المدرسية، ولكن لا تقم بها بالنيابة عنه.

23- قم بمراجعة ما ينجزه من واجبات للتأكد من دقتها، وتنظيمها حتى لو تطلب الأمر أن يعيدها مرة أخرى.

24- اقرأ قصصا له من أجل المتعة.

25- لا تتردد باللعب والتسلي مع أطفالك.

26- اعمل على بناء صداقات له من جيله تعود عليه بالفائدة.

27- لا تغالي في تعزيزه كثيرا، لأن ذلك قد يدفعه للتظاهر بعد الفهم لاجترار عطفك وحنانك.

28- حاول تذكيره بأنه طفل، وعما قريب سيصبح شابا، لذلك يجب أن يبذل جهده ليصل إلى مصاف الشباب.

29- كن سريعا في إجاباتك ولتكن ردودك حاضرة، وأجب في أسرع وقت ممكن.

30- قم بتوفير الأدوات والوسائل المساعدة، مثل الملصقات، لوحات تعلم الحروف، السبورة... إلخ.

31- لا تتوقع أن يحدث التقدم فجأة ودفعة واحدة، وإنما من الأرجح أن يكون التقدم بطيئا ولكنه أكيد.

32- لا تجبه عن الأسئلة التي تفوق عمره، بل أعد عليه السؤال نفسه للتعرف على ما لديه من حصيلة معرفية ومن ثم قم بتزويده بالإجابة التي تناسب عمره.

33- دع الطفل يتعرف على مدى النجاح الذي حققه من خلال مقارنة أعماله السابقة بالأعمال الحالية. ويجب أن تتوفر هناك فترة زمنية معقولة بين الأعمال.

34- دع الابتسامة تعلو شفتيك والبهجة تشع من عينيك، واعمل على تعزيز جسور الثقة بينك وبينه.

35- اعمل على رفع تقدير الذات لدى طفلك، وحاول رفع الإحباط عنه قدر الإمكان وفي كل فرصة تلوح لك.

36- لا تشغله بأكثر من مهمة في وقت واحد، واجعل أهدافك واضحة متدرجة في الصعوبة.

37- قم بتجزئة المهمة إلى أجزاء يستطيع النجاح بها بسهولة.

38- علمه متى يسأل وكيف يستنبط السؤال وأن يفكر بالإجابة قبل السؤال.

39- أعطه الوقت الكافي لتنظيم إجابته، ولا بأس بمساعدته في ذلك.

40- حاول زرع هواية قريبة من نفسه في نفسه يستطيع النجاح بها، ووفر له أدوات النجاح مثل.. الخط.. الرسم.. الكاراتيه.. إلخ.

## الإحالة إلى مركز مصادر التعلم

يجب أن يكون ولي الأمر على إطلاع كاف على إجراءات تحويل طفله إلى مركز المصادر. ونعني بمركز المصادر، هو ذلك المكان الذي يضم:

أ‌-    **غرفة المصادر " صعوبات التعلم ".**

ب‌-   **نادي المتفوقين.**

لأن كلا الفريقين بحاجة لتربية خاصة ومنهاج يتناسب مع قدراتهم، وذلك لأن المنهاج الموجه إلى الطلبة العاديين لا يتناسب مع قدرات هذه الفئتين ففئة صعوبات التعلم تتطلب منهاجا أقل تعقيدا من المنهاج الموجه للطلبة العاديين وفي كفة الميزان الأخرى نجد فئة المتفوقين التي هي بحاجة لمنهاج أكثر تعقيدا من المنهاج الموجه للطلبة العاديين. وبما أننا بصدد الحديث عن غرفة مصادر التعلم فمن الواجب التعريف بهذه الغرفة والخدمات المتوفرة فيها، فهي عبارة عن غرفة ملحقة بالمدرسة تقع ضمن خيارات البرنامج التربوي الموجه للطلبة ذوي صعوبات التعلم تكون هذه الغرفة مجهزة بوسائل تعليمية وألعاب تربوية، وفريق عمل متخصص يقدم الخدمة المناسبة لكل طالب، إما بشكل فردي أو بشكل مجموعات صغيرة متجانسة قدر الإمكان. إما الخدمات الأخرى التي يمكن تقديمها للطلبة ذوي صعوبات التعلم فهي تتمثل في النموذج التالي:

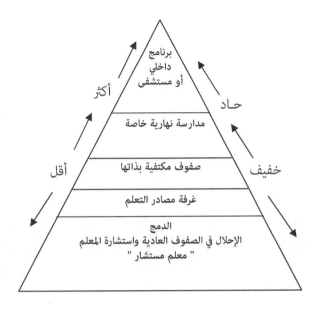

نموذج (5)                    (Deno 1990)

وتقدم الخدمة حسب شدة الصعوبة فكلما تدرجنا بالهرم إلى أعلى تكون الصعوبة شديدة جدا والعكس
صحيح. وأغلب الخدمات تقدم في المدارس الحكومية والخاصة على شكل غرف مصادر تعلم ومعلم
مستشار وبشكل عام فإن **الصعوبة التعلمية تقسم إلى ثلاثة أقسام:**

1- **صعوبة تعلمية شديدة جدا وهذه تصنف ضمن:**
   أ- برنامج داخلي أو مستشفى.
   ب- مدارس نهارية خاصة.
2- **صعوبة متوسطة وهي تصنف ضمن:**
   أ- صفوف مكتفية بذاتها.
   ب- غرفة مصادر التعلم.

3- **صعوبة تعلمية خفيفة " بسيطة " وتصنف ضمن:**

أ- إحلال في الصفوف العادية واستشارة المعلم " معلم مستشار ".

وعندما يتقدم الطالب بالتعلم يصبح من الضروري استحداث تغييرات في الوضع التربوي لكي تصبح الإحلالات أكثر ملائمة للحاجات التربوية المستجدة.

وهناك بعض الصفات المشتركة بين الأطفال ذوي صعوبات التعلم، ويجب أن تعرف بداية أن الطلبة ذوي صعوبات التعلم لا يظهرون نفس المظاهر ولكن تظهر هناك بعض **الصفات المشتركة** بينهم منها:

- قد يظهر قدرات تعليمية غير متساوية، فبينما يكون تحصيله ومستواه في بعض المواد جيدا، تكون في البعض الآخر ضعيفا.
- قد يكون قادرا على التعلم من خلال طريقة واحدة وليس من خلال الطرق المختلفة، فقد يتعلم باستخدام الطرق المرئية وليست السمعية، وقد يتذكر ما كتب، وليس ما قرأ عليه شفهيا.

وتعد صعوبات التعلم من المشكلات التي تؤثر في مجالات الحياة المختلفة وتبقى دائمة مع الفرد مدى حياته وذلك حسب شدة الصعوبة، فنفس الصعوبة التي تتضارب مع القراءة والكتابة والحساب سوف تتضارب مع الأنشطة الرياضية والحياة العائلية ومع القدرة على تكوين صداقات وحياة اجتماعية ناجحة، وهنا ما يجب أن يعرفه الوالدان والمعلم والأخصائي وجميع من يتعامل مع الطفل، فمعلم الطفل يجب أن يعرف نقاط الضعف والقوة لدى الطفل من أجل تكوين برنامج تعليمي خاص به، إلى جانب ذلك يجب على الوالدين التعرف على القدرات والصعوبات التعلمية الموجودة عند طفلهم ليعرفوا نوع الأنشطة التي تقوي جوانب الضعف وتدعم جوانب القوة وبالتالي تعزز نمو

ونجاح الطفل، وتقلل من الضغط وحالات الفشل التي قد يقع فيها، ولهذا تم إرفاق ورقة عمل خاصة بالوالدين تساعدهم على ملاحظة قدرات طفلهم. (سرطاوي، زيدان، 1988).

## قائمة ملاحظة الوالدين

نوصي الوالدين باستخدام قائمة الملاحظات التالية، لكي يكونا على استعداد للاجتماعات المدرسية الخاصة بطفلهما، ويستطيعا تبادل المعلومات مع معلميه. وتذكر أن ملاحظتك مهمة للغاية في مساعدة المدرسة للتعرف على أن هناك مشاكل حقيقية يجب على أساسها عمل برامج خاصة للتدخل التربوي.

**الإدراك:**

هل طفلك لديه مشاكل لأنه:

- يكتب الحروف والأرقام والكلمات مقلوبة ؟
- يخلط ما بين الأصوات المتشابهة ؟

**الذاكرة:**

هل طفلك لديه مشاكل في:

- اتباع التعليمات الشفهية ؟
- تذكر حروف الهجاء والحقائق الرياضية والتواريخ ؟

**حل المشكلات:**

هل طفلك لديه مشكلة في:

- توقع ما يحدث بعد سماع جزء من القصة ؟
- إيجاد طرق مختلفة لإنهاء المهام المطلوبة منه ؟

**التنظيم:**

**هل طفلك لديه مشاكل في:**

- ترتيب مكتبه، دفاتره، أشيائه الأخرى ؟
- فهم المفاهيم الخاصة بالعلوم الاجتماعية والعملية ؟

**التوجه المكاني:**

**هل طفلك لديه مشاكل في:**

- تنظيم وتوزيع أعماله على الورقة ؟
- التعرف على جهة اليمين واليسار ؟

**الإملاء**

**هل طفلك لديه مشاكل في:**

- حفظ كلمات الإملاء ؟
- استخدام تلك الكلمات في جمل أو مقاطع ؟

**الحركة**

**هل طفلك لديه مشكلة في:**

- الأنشطة الرياضية، يظهر بأنه غير بارع ؟
- التلوين أو استخدام المقص ؟

**اللغة**

**هل طفلك لديه مشاكل في:**

- حذف أو إضافة الكلمات أو الحروف ؟
- تذكر الكلمات ؟

- استرجاع ما قد قرأه ؟
- إضاعة مكان القراءة ؟

**الكتابة**

**هل طفلك لديه مشاكل في:**

- نقل ما يراه ؟
- جودة خطة ؟
- حذف أو إضافة الكلمات أو الحروف.

**الاستماع**

**هل طفلك لديه مشاكل في:**

- اتباع التعليمات ؟
- تأويل ما تقوله ؟

**الحساب**

**هل طفلك لديه مشاكل في:**

- تذكر الحقائق الرياضية ؟
- استخدام الرموز الرياضية (+ × ÷ -)... إلخ.
- اتباع مراحل متسلسلة (كالتالي، تتبع الصفحة الطويلة... إلخ).

**المهارات الاجتماعية والسلوكية**

**هل طفلك لديه مشاكل في:**

- تركيز انتباهه على شيء واحد ؟
- فهم لغة الجسد أو تعبيرات الوجه ؟
- تكوين أصدقاء ؟

## دور الوالدين في عملية التشخيص

من الأفضل للوالدين عند بدء عمليات التشخيص أن يهيئا طفلهما لتلك العمليات، وأن يحاولا تفهم عمليات التشخيص ونتائجها بشكل واضح لأنهما سيشاركان في القرار المتخذ بشأن تعليم طفلهما.

**أ- تهيئة الطفل لعملية التشخيص:**

عندما تقرر عملية التشخيص ويحدد موعدها يجب على الوالدين إخبار طفلهم بذلك وعدم مفاجئته بتركه من غير علم بما يجري وبمن سوف يراه، فالطفل له الحق في معرفة ما سوف يجري وإذا رفض إجراء عمليات التشخيص أو رؤية الشخص المسؤول عن التشخيص، فعليك أن تطلب المساعدة من ذلك الشخص للعمل على إقناع الطفل، والتأكد من أن الطفل على علم بما يلي:

- لماذا تتم عمليات التشخيص عليه ؟
- ومن سوف يراه، ويتحدث معه ويقيمه ؟ وما الذي سوف يحدث ؟

وعلى الوالدين أن يكونا صادقين كل الصدق مع طفلهم وحديثهم له، وأن يبحثا عن الحل للمشكلة، فقد يقول الوالدان لطفلهما: لقد عانيت من مشاكل متعددة في المدرسة، ونحن على علم بأنك تريد أن تكون في مستوى أحسن من

ذلك، ولهذا فإننا نقوم بعمل تلك الاختبارات والمقابلات المختلفة لنفس أسباب المشكلة، ومحاولة إيجاد الحلول لها.

وبهذا يعرف الطفل مدى اهتمام والديه به، ويلعب تنظيم غرفة المصادر وتنوع وسائلها دورا هاما في جذب الطفل وحفزه على الالتحاق بها.

## ب- تفهم الوالدين لعمليات التشخيص النفسي التربوي:

إنه لمهم أن يقوم الوالدان بمقابلة الأشخاص الذين شخصوا طفلهما، ولكي يتعرفا بشكل واضح مفصل على النتائج التي أظهرتها عمليات التشخيص ولهذا فهناك عدد من الأسئلة من المهم أن توجهها أنت كولي أمر للشخص المتخصص وهي:

- ما هي الاختبارات التي طبقت على طفلك ؟
- ما هي الجوانب التي تقيمها تلك الاختبارات ؟ ضعف القراءة مثلا، أم في الإملاء، وما هي نقاط الضعف التي تقيسها ؟
- ما هي النتيجة التي حصل عليها طفلك مقارنة بغيرة من الأطفال ممن هم في نفس سنه وصفه ؟ بمعنى آخر هل طفلك أظهر مشكلة عندما طبق عليه ذلك الاختبار مقارنة بغيره ؟

• ليس من المهم فقط معرفة مستوى أدائه مقارنة بقدرته العامة، بمعنى آخر هل طفلك يؤدي المهارة المراد قياسها كما هو متوقع منه أم أنه أقل مما هو متوقع ؟

- ما هي النصائح التي يواجهها المتخصص بناء على نتائج الاختبار ؟
- هل طفلك بحاجة لإجراء اختبارات أخرى في المستقبل ؟

– هل نتائج الاختبار توضح أن طفلك من ذوي صعوبات التعلم ؟

لماذا نعم ؟ ولماذا لا ؟

وتذكر أن لا تخشى من توجيه أي سؤال قد يخطر على بالك للاستفسار عن طفلك أو الاستفسار عن أي كلمة قيلت ولم تفهمها خلال مناقشتك مع الأخصائي، وبخاصة المصطلحات الأجنبية، مثل: الديسلكسيا، الديسغرافيا... إلخ.

ويجب على ولي الأمر القراءة بشكل دائم عن صعوبات التعلم فهي تساعد على بعث الأمل في النفس، بجانب ما تقدمه من معلومات قيمة، فمن المهم معرفة كل شيء عن حالة طفلك، ونقاط الضعف والقوة لديه، فالمعلومات تغير من تصرفات واتجاهات العائلة وتؤدي إلى تعاطف وتفهم للطفل ذي الصعوبة التعلمية.

– من المهم أن يكون الوالدان مناصرين ومؤيدين لطفلهما، فأنت تعرف ابنك أكثر من غيرك، فإذا ما تعرفت على جوانب الضعف والقوة لدى طفلك وعلى أسس تعليمه واحتياجاته الخاصة، فسوف تشعر أنك قادر على تأييده، وحاول إلى جانب ذلك إيجاد من يناصر طفلك في حالة عدم وجودك معه كمعلمه في المدرسة أو أخصائي صعوبات التعلم، أو الأخصائي الاجتماعي، مع العلم أن مناصرة الطفل لا تقتصر على مرحلة معينة فقط بل هي التزام مطلوب إلى أن تستطيع أن تعلم طفلك بعد أن يصل إلى مرحلة المراهقة أن يدافع عن نفسه ليضمن تحقيق متطلباته، كأن يطلب وقتا أكثر لإنهاء الاختبارات أو كمية الواجبات، وهذا الشيء يعني أن تجعله اتكاليا فهناك فرق بسيط بين الاتكالية وبين تقديم المساعدة عند الحاجة وكن حذرا، بأن لا يجعل من صعوبة التعلم لديه شماعة ليعلق عليها أخطاءه مستقبلا أو مبررا لتمرير هذه الأخطاء.

إن وجود استراتيجية محددة واضحة في البيت كالاتفاق بين الأم والأب على أسس واحدة للتعامل مع الطفل تجعل أمور الحياة أسهل على جميع أفراد العائلة.

- حاول أن يكون لديك روح المداعبة مع طفلك عندما يكون في حالة من الضغط فهي تزيل الكثير من المعاناة، وهي تعد من أفضل طرق العلاج النفسي. ولا تحصر اهتماماتك حول طفلك فقط، فأنت بحاجة إلى وقت تقضيه مع نفسك، فحاول أن تجد بديلا لك للاعتناء بطفلك كإخوانه الأكبر منه سنا أو جده أو جدته أو أحد أقربائك حتى لا تمل من تعليمه، واشرح لطفلك أنك بحاجة لفترة راحة، وعوده أن هذا الوقت هو خاص بك، وعليه أن لا يزعجك فيه، فالوالدين بحاجة لرفع معنوياتهم لكي يستطيعا الاستمرار في دورهم، وللمساعدة في إيجاد وقت كاف لك صمم جدولا زمنيا موزعا فيه جميع المسؤوليات والمهام المطلوب القيام بها، ووزع على أفراد العائلة بعض تلك المهام كل حسب قدرته وإمكانياته، وضمن في الجدول ساعة من النهار خاصة بك تقضيها مع نفسك.

- قد تشعر بتأنيب الضمير لتقصيرك تجاه بقية أبنائك، حيث أنك تقضي معظم الوقت مع طفلك ذي صعوبة التعلم، ولكن كن على علم بأنهم يشعرون أن لدى أخيهم قصورا معينا فلا تتردد من أن تشرح لهم بشكل مبسط مواطن العجز لدى أخيهم، وأسس التعامل معه. وإذا ما شعرت بعدم قدرتهم على ذلك فحاول أن تستعين بشخص قادر كالمرشد الطلابي في المدرسة، أو أخصائي صعوبات التعلم للقيام بالعمل. ودعهم يشاركون تحت إشرافك في تعليم وتوجيه أخيهم والعناية به، وفي هذه الحالة سوف يكونون متفهمين للأمر ومقدرين

للجهد والوقت المبذول منهم لأخيهم، وقد يسهل عليك العمل أن تصمم جدولا أسبوعيا توزع فيه وقتك على أبنائك كل حسب حاجته.

التدخل التربوي

من الضروري أن يكون لدى ولي الأمر علم بخطوات عملية التحويل التي تتم داخل المدرسة تبدأ عملية التحويل من خلال الخطوات التالية:

**أولا:** يقوم المعلم المصدري بتوزيع استبانة على معلمي الفصول " اللغة العربية والرياضيات " تضم هذه الاستبانة صفات ومؤشرات على صعوبات التعلم، يقوم معلم الفصل بتسجيل الطلبة الذين تنطبق عليهم هذه الصفات أو بعضها ومن ثم تسليمها للمعلم المصدري.
وهذه الخطوة تتم بعد 4-6 أسابيع من الدوام المدرسي ليتسنى لمعلم الفصل التعرف على طلابه. بالإضافة لمراجعة عامة لقوائم الطلبة المقصرين والراسبين للتعرف على الأسباب.

**ثانيا:** يقوم المعلم المصدري بتوجيه كتاب الموافقة لولي أمر الطالب الذي انطبقت عليه الصفات السابقة وهذه الموافقة تعتبر الأساس في عملية التقييم وتعرف بالناحية القانونية حيث بدونها لا يمكن إجراء عملية التشخيص للطفل فولي الأمر هو الذي يقرر بشكل قاطع إن كان بالإمكان تحويل الطفل لإجراء التقويم له أو عدم الموافقة، ولا تعتبر هذه الموافقة في حالة موافقة ولي الأمر بأن الطفل لديه صعوبة تعلمية. فهي مجرد ضوء أخضر لإجراء عملية التقييم التي على ضوء نتائجها يمكن تصنيف الطفل.

وفي حالة عدم موافقة ولي الأمر على التشخيص لا يمكننا إجباره على ذلك، ويجب استثناء هذا الطفل من قوائم التشخيص مباشرة.

**ثالثا:** يقوم المعلم المصدري بإجراء الاختبارات التشخيصية للطلبة الذين وافق أولياء أمورهم على تشخيصهم. على أن يتم إعلام ولي الأمر بنتيجة الاختبار في أسرع وقت ممكن. إما بالمقابلة الشخصية أم عن طريق التلفاز.

**رابعا:** بعد أن يتم تصنيف الطفل بأنه من فئة صعوبات التعلم يقوم المعلم المصدري بإرسال قائمة المقابلة الأسرية لولي الأمر ومن الأفضل أن تقوم الأم بتعبئة هذه الاستبانة إما عن طريق المقابلة الشخصية للمعلم المصدري أو عن طريق المراسلة.

**خامسا:** يقوم المعلم المصدري بإعداد خطة تربوية فردية لكل حالة على حدة إطلاع ولي الأمر عليها. بحيث تكون واضحة تماما من حيث التوقيت والمراجعة، والأساليب والأنشطة المستخدمة فيها، وإعلام ولي الأمر بتقدم الطفل بالتعاون مع معلم الفصل.

**سادسا:** يقوم المعلم المصدري في نهاية الخطة الفردية بكتابة تقرير نهائي يبين مدى التحسن والتقدم لوضع الطفل التربوي. ويجب أن يعرف ولي الأمر بأنه عنصر أساسي وأصيل في عملية التشخيص والعلاج.

**دور المعلم المصدري (معلم صعوبات التعلم)**

إذا ما أتيحت لك الفرصة لملاحظة فصل خاص بذوي صعوبات التعلم، فسوف تكتشف أن ما يقوم به معلم ذوي صعوبات التعلم ليس سحرا أو شيئا غامضا، بل هو عبارة عن أساليب تعليمية جديدة، ووسائل موجهة للنماذج التعلمية بشكل مدروس، وسوف تلاحظ ما يلي:

- عددا منخفضا من الأطفال، فالتعليمات الصادرة من المعلم تكون لمجموعات صغيرة وأحيانا تكون فردية لكل طفل على حدة.

- تخصيص التعليمات فكل طفل وفقا لمهارته تكون التعليمات الصادرة له، ولا تعتمد على تتابع الكتاب المدرسي صفحة بصفحة، فالمعلم يطابق التعليمات والأدوات المستخدمة مع احتياجات الطفل.

- الرجوع مع الطفل سنتين دراسيتين أو أكثر يعتمد ذلك على نتائج التشخيص والاختبارات، والتدرج معه في التعليم حتى يصل إلى مستوى ممن هم في مثل سنه وصفه.

- معرفة نموذج التعلم المناسب للطفل، فالمعلم المصدري يعلم أن الأطفال يتعلمون بطرق مختلفة، ويحاول أن يطابق تعليماته مع الطريقة المناسبة لكل حالة " طفل ".

- التأكد من مقدرة الطفل على النجاح، فالمعلم عندما يقسم المهام ويعطي تعليماته خطوة بخطوة، فهو بهذا يضمن نجاح الطفل في التعلم.

- مستوى عال من التنظيم، العمل منظم بشكل كبير بحيث يعرف الطفل ما سوف يقوم به من أعمال، وبالتالي يبتعد المعلم عن عنصر

المفاجأة الذي لا يناسب الكثير من ذوي صعوبات التعلم، والفصل بحد ذاته منظم، بحيث يساعد على تأدية الأنشطة المطلوبة.

- استخدام حواس متعددة لتعلم الطفل، يستخدم المعلم مجموعة من الحواس المختلفة كالبصر، والنظر، اللمس... إلخ. فالكلمة يقرأها المعلم ويستمع لها الطفل ويلفظها ويمرر يده على قطعة الورق التي رسمت عليها الكلمة بشكل بارز، تمشيا مع القاعدة التربوية القائلة، " يتناسب التعلم طرديا مع عدد الحواس المستخدمة ".

- تعطي التعليمات ببطء وتكرار. المفاهيم والمهارات المطلوبة تعطى للطفل وتكرر عليه مرارا وتكرارا للتأكد من وصولها إليه.

- تقييم دائم ومستمر للطفل، وذلك للتأكد من تعلمه المهارات وتقدير نقاط القصور لتدعيمها قبل الانتقال لغيرها من المهارات.

- استخدام نظام التشجيع المستمر " التعزيز " يستخدم المعلم أساليب التشجيع المختلفة لتحفيز الطفل على النجاح وهنا يقوم المعلم باستخدام أساليب التعزيز المختلفة المعنوية والمادية.

- التعليمات الموجهة في المهارات الاجتماعية بعض الأطفال يحتاج إلى تعليمات موجهة بشكل مباشر ليقيم علاقة فعالة مع غيره.

- ملاحظة السلوك بشكل مستمر، وتعديل السلوك الخاطئ بالأساليب التربوية المناسبة لكل موقف تعليمي ومباشرة، مع تعريف الطفل بما أخطأ به وكيفية تجاوز هذا السلوك مع توفير السلوك الصواب البديل بشكل مباشر وواضح. إذ لا يكفي الإشارة إلى الخطأ دون توفير البديل الصواب.

- الاتصال الدائم بالأهل وإطلاعهم على كل تقدم للطفل، لتتكامل عملية التعزيز بينهما وبين معلم الفصل والعمل على تحفيز الطفل بشكل دائم والابتعاد عن الإحباط.

- العمل على سرية المعلومات والاحتفاظ بها في ملف خاص بكل طفل، ويمكن لولي الأمر الإطلاع عليه في أي وقت شاء. ولا يمكن لأي شخص الإطلاع على تلك المعلومات إلا من قبل المختصين وأعضاء فريق غرفة المصادر.

### البرنامج الأسبوعي لغرفة مصادر التعلم

يبدأ برنامج المعلم المصدري بحصتين يوميا تتوزع عليها العناوين التالية: تحضير الملفات، تحضير الوسائل التعليمية، والزيارات الصفية. وفي الوقت نفسه يكون الطالب قد استفاد من تلك الحصتين داخل فصله، بحيث يكون في أوج استيعابه وتقبله وانتباهه للتعلم ويقوم المعلم بتوزيع الحصص على الطلبة المشمولين في البرنامج حسب خصائصهم المشتركة وفي كثير من الأحيان يكون التعليم مفردا.

ومعلم المصادر هو الوحيد المخول بوضع برنامجه وعدد حصصه وطلبته وتقديم الخدمات العلاجية وعدد الحصص الإجمالي يتراوح ما بين 18/15 حصة أسبوعيا لكافة التلاميذ.

يقوم معلم المصادر بتوزيع البرنامج على الصفوف الرابع والخامس حسب حصص التربية الفنية أي بمعدل حصة أسبوعيا لكل طالب بزمن " 45 " دقيقة ويمكن أن تتطلب الخطة الفردية حصتين أسبوعيا حسب شدة الصعوبة.

أما الصفوف الثاني الابتدائي والثالث الابتدائي فيمكن أن يوزع البرنامج عشوائيا وفي أية حصة، وذلك لأن معلم الفصل يمكنه تعويض هذه الحصة في الحصص اللاحقة. حيث أن الطالب لا يقضي أكثر من حصتين في الأسبوع في غرفة المصادر.

ويكون بطبيعة الحال معلم الصعوبات مستقل استقلالا تاما إداريا ولا يجوز تكليفه بأي عمل إدراسي خارج نطاق غرفة المصادر.

الفصل الثالث
تفعيل دور أباء الأطفال ذوي الصعوبات
التعلمية كشركاء في عملية التعليم

# تفعيل دور آباء الأطفال
# ذوي الصعوبات التعليمية كشركاء في عملية التعلم

حمادة عبد السلام

**المركز الوطني لصعوبات التعلم / كلية الأميرة ثروت**

**من محاضرات اللقاء الثالث للجمعية العربية لصعوبات التعلم 2-3 / 7 /2005 م**

نتيجة لصدور التشريعات والدفاع عن ذوي صعوبات التعلم ، توفر الكثير من الوسائل والأساليب لإشراك الوالدين في البرامج العلاجية لطفلها الذي يعاني من صعوبات التعلم ينظرون إلى الوالدين كشركاء رئيسيين في المعالجة والتغيير.

ويعتبر الآباء ا، بحكم مشاركين رئيسيين في تشخيص حالات أبنائهم وتخطيط برامجهم وتقييم هذه البرامج.وكثيرا ما تضمن التشريعات حقوق الأطفال ذوي الصعوبات التعلمية في تعلم مناسب يلعب فيه الإسهام الأسري دورا في تحقيق هذا الهدف . وتسعى جهات مختصة متعددة من المهتمين بالصعوبات التعلمية وغيرها من جماعات الدفاع الاجتماعي إلى تدريب الوالدين وتهيئتهما للقيام بهذا الدور، كما تقوم مديريات التربية والتعليم في المقابل بتدريب المختصين في استراتيجيات إشراك الوالدين في تعلم أبنائهم ( الوقفي ، 1998) .

وينبغي أن يعمل المعلمون على نحو وثيق مع الوالدين لتعزيز التعلم في المدرسة والبيت . وعندما يكون الآباء داعمين لأهداف المدرسة ومثابرين على نقل هذا إلى إطفالهم . فأن فرص هؤلاء الأطفال في المدرسة تفوق كثيراا فرص نجاح أبناء الآباء غير الداعمين لأهداف المدرسة وغير المشاركين في عملية تعلمهم . لذا على المعلمين إن يفهموا الآباء أن كونهم أعضاء في فريق يسعى بجدية إلى تعليم أطفالهم يمكن أن يكون له نتائج إيجابية على الأطفال وبخاصة ذوو صعوبات التعلم . (wniebrenner,1996)

وإن وجود طفل في الأسرة يعاني من صعوبات تعلمية حادة يمكن أن يثير التحدي والإجهاد لدى الوالدين . ويمر الوالدين عبر سلسلة من الانفعالات ةالاتجاهات تمتد على نتصل يتراوح بين الإنكار حتى القبول والأمل. وهنا يرى الوالدين أن لا مفر لهما سوى الالتجاء إلى المدرسة علها تقدم حلا مناسبا لحالة طفلهما وبمشاركة فاعلة من قبلهما . وغير أن هناك أسبابا كثيرة تدعو الوالدين إلى مقاومة المشاركة مع المدرسة أو الاجتماع مع الهيئة التعليمية فيها . فقد عانى بعضهم من اجتماعات كابوسية لأولياء الأمور والمعلمين ، إذ لم يسمع هؤلاء الآباء من معلمي أطفالهم معلومات إيجابية حول السلوك التعلمي لأطفالهم . ومع ذلك ، لا يجوز لمديري المدارس والمعلمين فيها أن يقرروا التوقف عن محاولتهم في إشراك الوالدين في عملية تعليم أطفالهم ، قائلين : حسنا ، لقد فعلنا كل شيء نستطيع القيام به ، لكن هؤلاء الآباء لم يحضروا اجتماعا واحدا من اجتماعات أولياء الأمور والمعلمين . فإذا كانوا هم أنفسهم غير مهتمين بنجاح أطفالهم في المدرسة ، فلم نهتم بذلك نحن المعلمين ؟ إلا أن هذا القول يبعد المديرين والمعلمين عن الأهداف التربوية التي تسعى المدرسة إلى تحقيقها ، لأنه حتى وأن كان هؤلاء الآباء لا يودون المشاركة حقا في عملية تعلم أطفالهم ، فلا

تستطيع أن تفترض بأن هؤلاء الأطفال لا يريدون ان يتعلموا ! (Winebrenner, 1996).

ولا يكفي أن يقول مدير المدرسة أو المعلم بأن مدرستنا تريد " مشاركة الوالدين" ، بل يجب في عمليهما أن يعملا بنشاط وإصرار على توفير دعوات إلى الوالدين من اجل حثهما على المشاركة الوالدية يعزز تحصيل الطالب ويرفع مستوى تقدير الذات لديه. وتتناول هذه المقالة طرقا متعددة  للوصل إلى الوالدين وتشجيعهما على المشاركة في عملية تعلم طفلهما ذي الصعوبة التعلمية .

**أساليب تعزيز مشاركة الوالدين في المدرسة :**

فيما يلي بعض الأفكار التي تساعد المعلمين على زيادة مشاركة الوالدين وعملية تعزيز المشاركة الوالدية (winebrenner, 1996) .

- أرسل على نحو منتظم إلى الوالدين إشعارات تتضمن عبارات تصف الأعمال الإيجابية التي قام طفلها في المدرسة.
- زود والدي الطفل بـ " الرسالة الإخبارية" التي تصدرها المدرسة باللغة الدارجة البعيدة عن الرطانة التربوية لتكون اداة اتصال فاعلة مع الوالدين . وإذا ما قام الطلاب أنفسهم بكتابة بعض المقالات فيها، فإن الوالدين حتما سيقرأن هذه المقالات على الأقل! ويمكنك أن تصف فيها نشاطات معينة يستطيع الوالدين وطفلهما القيام بها. ومن الأمثلة على هذه النشاطات : التجوال في البيت للعثور على أشياء تبدأ بحروف معينة ، واستخدم خبرات الوالدين كدافع للطفل لإملاء

قصص الخبرة اللغوية ، واستفتاء أفراد الأسرة عن تفضيلاتهم لأنواع الطعام ، وبرامج التلفاز ، الخ .

- تجنب عزو سلوك الطفل غير المناسب لوضعه الأسري، ونظرا لأنه من الصعب تغير الأوضاع السائدة في الأسرة ، فإن اقل شي يمكن القيام به هو التقليل من التوتر والإجهاد الذي يعانيه الطفل في المدرسة . وعندما يصبح أكثر دافعية للذهاب إلى المجرسة والمشاركة في نشاطاتها، فإن ذلك يبعده عن مصادر التوتر والإحباط السائدين في الأسرة التي يعيش فيها .

- قدم دروسا في الأدوار الوالدية الفاعلة ، حتى وإن لم يحضر هذه الدروس إلا قلة من الآباء. ولا تنس أن تخبر الوالدين بأن تقدم دروس في الأدوار الوالدية لا يعني جهلهم بها . ولكنها محاولة لإحباطهم بكل ما يتعلق بهذا الدور وحثهم على بذل جهودهم لتأدية هذا الدور بفاعلية . ويمكن أن تشمل هذه الدروس على موضوعات في " العلاقات الإيجابية بين الطفل ووالديه " و " نماذج التعلم "، و" دور الوالدين في مساعدة طفلهما في الواجب البيتي " . الخ.

## دور الوالدين في تقديم المساعدة في الواجب البيتي :

أن لدى الأطفال الذين يعملون الواجبات البيتية بصورة منظمة فرصة نجاح تفوق أولئك الذين لا يقومون بعملها . ويلعب الآباء دورا حاسما في تشجيع أطفالهم على القيام بالواجبات البيتية على نحو منتظم وفاعل.

### وفيما يلي بعض الأساليب التي يحسن بالمعلمين اتباعها كي تجعل الواجب البيتي ذا معنى و سهلا :

- اجعل تعيينات الواجب البيتي مناسبة لمستوى التحصيل الدراسي للطالب . وينبغي أت تستخم هذه التعيينات في تعزيز تعلم المفاهيم الذي اخذها الطفل في المدرسة لا تستخدم في دفع الأطفال على تعلم مفاهيم جديدة اعتمادا على أنفسهم في البيت .
- اجعل تعيينات الواجب البيتي متطابقة مع مواطن القوة ف ينماذج التعلم لدى الطفل لأن ذلك يؤدي إلى نتائج أفضل . ساعد الوالدين على فهم نموذج التعلم وتشخيصهم عند أطفالهم وذلك من خلال تعريفهم بمكونات نموذج التعلم . وقدم بدائل متعددة لإنتاج طلبة حتى يستطيع الطلبة اختيار ما يتناسب مع نماذج تعلمهم ( Winebrenner,1996) .
- لا تعط انطباعا لدى والدي الطفل بأن الغرض من الواجب البيتي هو أشغال وقت الطلبة فقط . ارفق بكل تعين مقدمة تفسير الهدف التربوي المتوقع تحقيقه من هذا الواجب . ومن الأمثلة على ذلك : " هذه المسألة الحسابية تتعلق بالمهارة الرياضية التي تعلمناها اليوم" .
- اتبع نظاما ثابتا في تعيين الواجبات البيتية ، ويفضل أن تكون هناك دفاتر للتعيينات البيتية . وأعط الكلبة بعض دقائق في نهاية كل ما

حصة كي يكتبوا تعييناتهم في الدفتر. اخبر الوالدين مسبقا بان بتوقعا الدفتر إليهم كل يوم . وعليهم أن يضعوا كل مساء إشارات أمام التعيينات تدل على أن الطفل عمل واجبه البيتي خلال الفترة الزمنية المحددة له .

- نسق مع زملائك الآخرين في إعطاء الواجبات البيتية حتى تجنب الطفل وأولياء أمورهم عبئا إضافيا ثقيلا في بعض الأحيان ، وعدم إعطاء القليل منها في أوقات أخرى .

- لا تعود نفسك على إرسال ملاحظات إلى البيت تفسير للوالدين الواجب البيتي وكيفية عمله .

- قدم التغذية الراجعة المناسبة على جميع الواجبات البيتية – تعليقات مكتوبة ، أجوبة على أسئلة الطالب ، أو اقتراحات محددة لتحسين أداء الواجب البيتي.

- اطلب من الطلبة أن يكملوا الفراغ في هذه الجمل بعد الانتهاء من قيامهم بالواجب البيتي : " عملت _____ دقيقة على هذا التعيين . إن الجزء من التعيين الذي فهمته تماما هو _____ ، وإن الجزء من التعيين الذي لم أفهمه بالمرة هو _____ " .

- بالنسبة للمشاريع الطويلة الأجل ، ساعد الطلبة على عمل " خط زمني إرتجاعي" backwards Time line . كي يجزئوا الواجب البيتي إلى عناصر قصيرة الأمد ، وشجعهم على الاعتزاز بعملهم والشعور بالزهو عندما يكملون كل عنصر فيه .

- عندما يفشل الطالب في إكمال تعيين الواجب البيتي ، فقد تمكن المشكلة في عدم فهمه المطلوب من التعيين . ولذا ينبغي عدم استخدام الواجب البيتي كعقاب للطالب ، كما يجب ألا يكلف الالب بواجبات طويلة متعددة تعويضا عن إعطائهم تعيينات في وقت سابق .

- أرسل إلى البيت مطويات في فترات منتظمة تشتمل على أعمال الطلبة كي تساعد الوالدين الاطلاع باستمرار على تقدم أطفالهم في التعلم . ودرب الطلبة على كيفية وصف العمل الذي يقومون به لآبائهم . وأرسل معهم نموذج التدقيق على الواجب المدرسي " كي يسلموه للوالدين من أجل توقيعه ثم إعادته إلى المدرسة . ولا تنس أن تذكر للوالدين بأنهما عندما يقدمان لطفلهما تشجيعا لفظيا أو عندما يظهران اعتزازهما بالنجاحات التي يحققها طفلهما مهما كانت هذه النجاحات بسيطة أو صغيرة فإن هذا الاعتزاز سيحفز طفلهما على نحو يفوق ما يحدثه تقديم النقود أو الجوائز المادية .

## اجتماعات المعلمين وأولياء الامور :

تعتبر اجتماعات الآباء والمعلمين جسرا بين البيت والمدرسة ، إذ تخلق هذه الاجتماعات بيئة يشعر فيها الآباء والمعلمون بأنهم في مشاركة تعاونية لخير الطفل وتقدمه . وتشجع مديريات التربية معلم صعوبات التعلم على الالتقاء بالآباء قبل بدء الطفل في تلقي الخدمات التربوية المقررة له . فالإجتماعات المبكرة مع الآباء تمنع أو تقلل من مشكلات الدوام ، وحالات التسرب ، والمشكلات الانضباطية ، ومع ذلك ، ينزع بعض الآباء والمعلمين نحو تجنب مثل هذه

الاجتماعات ، فالآباء يخشون ما يسمعونه من معلومات سلبية عن أطفالهم ، كما يخشى المعلمون من ردود فعل الآباء السلبية اتجاههم ( Learner ، 200 ) .

وتعد اجتماعات الآباء والمعلمين وسيلة قيمة لتأسيس اتصال إيجابي والبدء بعلاقات جيدة بين البيت والمدرسة . ولذا ينبغي النظر إليها كفرصة يناقش فيها تقدم الطالب والمشكلات التي يواجهها من أجل مساعدته على حلها .

ويشير شلز (Schulz , 1987 ) إلى أن أهداف اجتماعات الآباء والمعلمين تقع ضمن واحدة أو أكثر من الفئات الأربع التالية :

أ. لإعطاء معلومات ( تقدم تقريرا عن تقدم الطالب ، تقدم بيانات تقويمية ، الاطلاع على عينة من عمل الطالب ) .

ب. للحصول على المعلومات ( تاريخ ، وميوله ،وسلوكه في البيت ، العلاقات الاجتماعية ، وكذلك مقترحات الوالدين ) .

ج. للتخطيط للطالب ( المساعدة في عملية التخطيط لتحسين التعلم من خلال تطوير الحطة التربوية للطفل) .

د. لحل المشكلات ( حل المشكلة تعاونيا ، التفتيق الفكري ، اختيار بدائل قابلة للتطبيق ) ( الوقفي 1989) .

**وفيما يلي بعض الأساليب التي على المعلم القيام بها كي يشجع أولياء الأمور على حضور الإجتماعات والمشاركة فيها بفاعلية :**

- أرسل إلى البيت نسخة من " استبانة اجتماعات أولياء الأموروالمعلمين " قبل عقد الاجتماع المقرر بعدة أيام ، كي تساعد الوالدين على الإعداد الجيد للاجتماع والمشاركة فيه وتقديم وجهات نظرهما حول ما يقدم لطفلهما في المدرسة .
- إذا كان الوالدين منفصلين أو مطلقين ، اسإلهما فيما إذا كانا كانا يريدان حضور معا أم على نحو منفصل .
- كن صادقا وموضوعيا عند إخبارك الوالدين عن خبرات طفلهما في المدرسة .

وإذا كان الهدف من الاجتماع عمل خطة لمراقبة عمل الطالب أو سلوكه ، ينبغي أن يكون الطالب نفسه موجودا في الاجتماع أيضا . **وفيما يلي بعض الإجراءات المتبعة في سير الاجتماعات :**

1. ابدأ ،دائما ، بإعطاء أمثلة على السمات الايجابية للطفل . استعرض مع الوالدين مواطن القوة لدى الطفل التي يمكن استثمارها في عملية تعلمه .
2. اطلب من الوالدين أن يخبراك عن مناحي القوة لدى طفلهما وعن ميوله واهتماماته ودون هذه المعلومات في سجل يحفظ كمرجع في المستقبل .

3. اشرح للوالدين السياسات أو الإجراءات التي تتبعها في إعطاء الواجبات البيتية مثال : " سأعين ثلاثين دقيقة للواجب البيتي في معظم الأيام الدراسية . وفي الأيام التي لا أعطيهم واجبا بيتيا سأرسل لكم إشعارا بذلك " .

4. تبادل معهم المعلومات حول أسلوب التعلم لدى الطفل . ساعد الوالدين على إدراك أن طفلهما ذكي ويمكن زيادة مستوى تعلمه إذا أخذت مواطن القوة في أسلوبه التعلمي في الحسبان ، سواء في البيت أو في المدرسة .

5. إطلع الةالدين على شواهد تثبت تقدم طفلهما في الدراسة من خلال عرض نماذج من أعمال الطفل .

6. إذا كنت تستخدم برنامجا لإدارة سلوك الطالب ، قدم للوالدين تقريرا عن تقدمه . وإذا لم ينفذ الطالب شروط الخطة السلوكية ، أخبر الوالدين بذلك .

7. شجع الوالدين على دعم اهتمامات وميول طفلهما خارج المدرسة . وإذا كان لديك اي معلومات حول البرنامج والنشاطات التي تقدمها المؤسسات المجتمعة بتكلفة رمزية فلا تتردد بتزويدهم بها .

8. إذا كان بحوزتك أي مقالات أو كتب أو مواد علمية مفيدة للوالدين في تعليم طفلهما قدمها لهم كي يتزودوا بذخيرة واسعة عن طرائق التدريس والاستراتيجيات المناسبة في تعليم الطفل ذي الصعوبة التعليمية .

9. اختتم الاجتماع بتوجية شكر الوالدين على حضورهما الاجتماع . وأخبرهما أن حضورهما يظهر مدى اهتمامهما في تعليم طفلهما . وكذلك أوضح لهما أن هذا الحضور ضروري لمساعدة طفلهما على تطوير اتجاه إيجابي نحو التعلم .

والسؤال الذي يطرحه معلم الطفل ذي الصعوبة التعلمية دوما منتظرا إجابة عليه : ما الذي يستطيع هذا المعلم القيام به إزاء الطفل ذي الصعوبة التعلمية الذين لم يحضر إلى المدرسة أبدا رغم جهوده الحثيثة لحثه على الحضور ؟.

على المعلم أن يرسل إلى والدي الطفل مقترحات محددة حول الطريقة التي يمكنها فيها دعم تعلم طفلهما في البيت . وإذا لم يحضروا الوالدين إلى المدرسة ، عليه أن يسألهما إن كان بإمكانه القيام بزيارة لهما في البيت . وليكن في ذهنه دوما الحقيقة المتمثلة في أن بعض أولياء الأمور قد يشعرون بعدم الكفاية في قدرتهم على المساهمة في عملية تعليم أبنائهم . لذا ، على المعلم ألا يهمل طالبا لأن واديه غير قادرين على مشاركة المدرسة في عملية تعلمه .

ومما لا شك فيه أن الطلبة يعملون على نحو أفضل في المدرسة عندما يقوم آباؤهم بدعم تعلمهم بصورة فاعلة . وإن أي جهد يقوم به المعلم لتقوية قدرة الآباء على إظهار هذا الدعم سيكون له مردود كبير . وعلى المعلم إخبار أولياء الأمور بهذه الحقيقة باستمرا حتى تزداد مشاركتهم في تعلم الطفل ذي الصعوبة التعلمية .

وفيما يلي بعض النماذج التي تتضمن أفكار مفيدة يمكن للمعلم تزويدها لآباء الأطفال ذوي الصعوبات التعلمية لمساعدتهم على متابعة واجباتهم البيتية ومساعدتهم على دفع مستوياتهم في القراءة والكتابة والرياضيات .

**نموذج رقم (1)**

**تدقيق العمل المدرسي**

عزيزي والد / والدة الطالب : _____ — _____

إن هذا النموذج مرسل إليك مع مطوية بالعمل المدرسي لطفلك . أرجو أن توقع

على هذا البرنامج وتعيده إلى المدرسة بتاريخ _____ _____

يمكن الاحتفاظ بعمل طفلك في البيت .

اسم الطالب _____ _____ تاريخ اليوم : _____ _____

ضع إشارة ( √ ) أمام العبارة الصحيحة :

_____ لقد شرح لي طفلي الذي أحضره إلى البيت .

_____ لاحظت شيئا ما عمله بطريقة جيدة فاستحق الإطراء .

_____ لدي أسئلة حول العمل المدرسي للطفل.

اكتب أسئلتك هنا: _____ _____

إذ كان لدى طفلك مشكلة في فهم الواجب البيتي، اطلبي من طفلك أن يصف

المشكلة لنا: _____ _____

_____ _____

توقيع الوالد/ الوالدة: _____ _____

نموذج رقم (2)

## كيف يمكنك أن تقدم مساعدة لطفلك عند قيامه بالواجب البيتي

### أفكار مفيدة للوالدين

إن الأطفال الذين يعملون الواجب البيتي على نحو منتظم أكثر احتمالا بأن ينجحوا في المدرسة. وهذه النشرة المختصرة تصفلك بعض الطرق التي تمكنك من تقديم الدعم والتشجيع لطفلك على قبول الواجب البيتي كإحدى حقائق الحياة وما عليه إلا القيام به.

1. أبلغ طفلك بأن الواجب البيتي جزء مهم في عملية حول التعلم وعندما تظهر لطفلك بأنك جاد حول الواجب البيتي ، فإن طفلك سيتعامل معه على نحو أكثر جدية.
2. اعمل اتفاقا مع طفلك بعد عودته من المدرسة حول طوال الوقت الذي سيمضيه في عمل الواجب البيتي كل يوم.

وفيما يلي بيان بالحد الأقصى للأوقات التي يمضيها على عمل الواحب البيتي :

- ❖ للأطفال في المرحلة الابتدائية العليا ( الرابع – السادس) : 30-45 دقيقة.
- ❖ للأطفال في المرحلة الابتدائية الدنيا ( الأول – الثالث): 15030 دقيقة.
- ❖ للطلبة في المرحلة المتوسطة ( الإعدادية ) : ولغاية ساعة واحدة.
- ❖ للطلبة في المرحلة الثانوية : لغاية ساعتين.

3. اعمل مع طفلك لتأسيس خطة زمنية للواجب البيتي واعمل الجزء الخاص بك في هذه الخطة. مثال : إذا كان من المفترض أن يعمل طفلك واجبه البيتي من الساعة -:5 إلى الساعة -:6 كل ليلة ، فلا تقدم العشاء في الساعة 5:45

4. وفر مكانا يستطيع فيه طفلك العمل فيه . يجب أن يكون هذا المكان مريحا، وإضاءته مناسبة، وخاليا من المشتتات. أعط طفلك بعض الخيارات فإذا كان يرغب في سماع موسيقى هادئة ، أو يجلس على أرضية الغرفة ، أو يعمل تحت ضوء خافت ، فلا مانع من السماح له بذلك - مادام يعمل ضمن الوقت المتوقع منه ويسير وفق توقعات المعلم . وإذا لم توفر هذه الظروف له فعليه أن يعمل واجبه البيتي على طاولة أو مقعد في مكان هادئ حتى يتحسن عمله. وعندما تبدأ التقارير المرضية تأتي الى البيت من قبل المعلم، دع طفلك يختار ما يناسبه من بيئة الواجب البيتي.

5. أوجد " حقيقة الواجب البيتي" ضع فيها أقلام رصاص ، وصمغ وأشرطة لاصقة، ومحايات ، وقاموس، الخ. أي مادة يحتاجها طفلك لعمل واجبه البيتي . ضع جميع الأشياء مع بعضها ف صندوق تخزين من البلاستيك . وضع المواد الصغيرة في محفظة بسحاب.

6. تذكر أن الواجب البيتي المطلوب من طفلك هو مسؤولية تقع عليه لا عليك، فأنت لست مسؤولا عن القيام به بل أنت مسؤول فقط عن توفير مكان له حيث يستطيع فيه أن يعمل واجبه البيتي وللتأكد من عدم وجود ما يعيقه عن القيام بذلك، راقب المكالمات الهاتفية الواردة إلى البيت ولا تسمح بقدوم زائرين خلال وقت عمل الواجب البيتي.

7. ما الذي يحدث إذا " نسي" طفله واجبه البيتي؟ أو ما الذي يترتب على الطفل إذا لم يعين المعلم له أي واجب بيتي في أحد الأيام؟ ينبغي على طفلك أن يستخدم وقت الواجب البيتي المخطط له بصورة منتظمة للعمل على نمط آخر من النشاط التعلمي. أمثلة : تصفح جريدة، قراءة كتاب أو مجلة ، مراقبة برنامج تلفزيوني تربوي ، كتابة قصة، أو جمع معلومات عن موضوع من اهتماماته.

## نموذج رقم (3)
## كيفية التعامل مع مشكلات الواجب البيتي

المشكلة : طفلك برفض عمل الواجب البيتي
ماذا تعمل: أولا ، اكتشف ما إذا كانت المادة سهلة جدا أو صعبة جدا. فإذا كان المادة سهلة جدا ، قد يشعر بالملل وعدم الرغبة في العمل. إما إذا كان البيتي صعبا جدا، فقد يكون من المستحيل بالنسبة له أن يقوم بحله. اطلب جتماعا مع المعلم كي تطلب منه أن يعين واجبا بيتيا يكون مناسبا بقدرات الطالب دون أن يكون فوق مستوى قدراته.

المشكلة : طفلك يطلب منك دائما أن تساعده في حل الواجب البيتي.
ما العمل: من المناسب أن تمضي جزءا يسيرا من الوقت مع طفلك كي توضح له تعليمات الواجب البيتي. ولكن يرجى عدم قيامك بتعليم الطفل أو حل الواجب عنه. فأنت غير مسؤول عن تعليم طفلك ما تعلمه في المدرسة . فإذا حاول طفلك عمل الواجب البيتي ولكنه بدا مرتبكا تماما، اطلب منه التوقف عن عمله ، وساعده في كتابة ملاحظة للمعلم توضح فيها الموقف وتطلب منه المساعدة!.

المشكلة : أنت تعرف بأن طفلك قادر على القيام بحل الواجب البيتي، ولكنه لا يود القيام بذلك.
ما العمل : إن أفضل شيء يمكنك القيام به هو أن تجعله يعاني من عواقب قراره. فإذا ترتب على ذلك البقاء في المدرسة بعد انتهاء اليوم المدرسي، أو الحصول على علامة متدنية ، أو الحرمان من المشاركة في رحلة ميدانية ، فهذه مشكلته هو وعليه تحمل تبعاتها. وإذا ما قام الوالدان بإنقاذ طفلهما باستمرار من الفشل ، يعتاد الطفل على الاعتماد على مساعدة والده. والأطفال يتعلمون تحمل المسؤولية تحمل

تحمل المسؤولية من خلال تعلمهم ما يحدث عندما يحيدون عن المسؤولية . ساعد طفلك بعدم المساعدة!

المشكلة : طفلك " ينسى" إحضار دفتر الواجب البيتي من المدرسة.

ما العمل : ما إن ترسخ " وقت الواجب البيتي" المنظم بعد وقت المدرسة، وعلى طفلك أن يستخدم هذا الوقت في العمل على شيء متصل بتحسين مهاراته أو زيادة تعلمه. أصر عليه أن يمضي الوقت المخصص على نمط ما من أنماط النشاط التعلمي. أمثلة : قراءة كتاب ، تصفح جريدة، إيجاد أمثلة على أجزاء الكلام في الكتب أو الموسوعات ، عمل قائمة مشتريات / تسوق لسلع من الكتالوج.

تحذير: لا تجعل بدائل الواجب البيتي ممتعة جدا وإلا فأنه يفضل نسيانها عمدا باستمرار .

**نموذج رقم (4)**

**استبانة اجتماعات الآباء والمعلمين**

اسم الطالب: ______________

عزيزي الوالد/الوالدة

لقد تقرر إجتماع الآباء والمعلمين بتاريخ ___________ في الساعة ______________

أرجو أن تأخذ من وقتك بضع دقائق للإجابة عن الأسئلة التالية وإحضار الاستبانة المعبأة إلى الاجتماع

ما هي مواطن القوة لدى طفلك في البيت؟ ما العمل الذي يقوم به على نحو جيد حقا؟

ما هي الأعمال البيتية الخفيفة التي يقوم بها في البيت؟

كيف يمضي طفلك وقت فراغه ؟ ماهي هوايات طفلك؟

ما الأطفال الآخرون المناظرون له الذين يعيش معهم؟

ما هي شخصية طفلك خارج المدرسة؟

ما هي الحياة الاجتماعية لطفلك خارج المدرسة؟

كيف يتعامل طفلك مع وقت الواجب البيتي؟

يرجى طرح أية أسئلة تود الإجابة عنها خلال اجتماعنا:

يرجى تدوين أية هموم تود التحدث عنها خلال اجتماعنا:

شكرا لمنحنا بعضا من وقتك في إكمال هذه الاستبانة : أتطلع لرؤيتك في اجتماعنا المرتقب.

توقيع المعلم:

نموذج (5)

بعض الأساليب لمساعدة طفلك في البيت

<u>أفكار مفيدة للوالدين</u>

\* حاول أن تقضي وقتا دون مدته 10-15 دقيقة مع طفلك كل يوم. امنحه اهتمامك الكامل فيه. لا تتحدث عن المدرسة إلا إذا هو بدأ في الحديث عنها. وبدلا من ذلك ، تحدث عن الأشياء هم مهتم فيها. أصغ بأذنيك وعينيك، وبلغة جسمك، وتجنب طرح الأسئلة أو إعطاء النصائح . استخدم عبارات كتلك المدرجة أدناه كي تجعل طفلك يعرف بأنك تريد أن تعرفه وتفهمه بصورة أفضل.

\* " أخبرني عن ...............
"

\* " إذن ، ما تقول هو...........
"

\* يبدو أنك تشعر  ———  حول  ———  ———  ... .

\* إذا لم تكن لدى طفلك أي شيء يقوله خلال وقتكما معا، أخبره شيئا إيجابيا حول يومك.

\* إذا كانت لديك أسرة كبيرة ، أقم في البيت " نظام الرفيق" وشجع الأطفال على تبادل المعلومات بين بعضهم البعض. وخلال العشاء ، ادع كلا منهم أن يعرض شيئا إيجابيا حول يومهم.

\* راقب وقت مشاهدة طفلك للتلفاز والفيديو. اضبط برامج العنف أو امنعها، بما فيها بعض أفلام الكرتون. ساعد طفلك على اختيار برامج تربوية. شاهداها معا إذا كان لديك وقت لذلك ، واطرح أسئلة خلال المشاهدة. شجع الأطفال على طرح

الأسئلة أيضا، فإذا لم يعرف طفلك الإجابة عن سؤال معين ، قد يحفز الطفل على البحث.

*ساعد طفلك على تطوير مهارة ما لديه اهتمام بها ويظهر موهبة طبيعية نحوها. فالتميز في الرياضيات، والفنون ، والعمل التطوعي، أو أي شيء آخر يشعر الأطفال بشغف نحوه يمكن أن يساعد في تطوير تقدير ذات مرتفع .

* لا تلمح لطفلك بأنه ينبغي أن يكون " مختلفا " من اجل أن يكون شخصا أفضل أو طالبا أفضل . ساعده على كيفية فصل نفسه الرائعة عن أي مشكلات قد يواجهها في المدرسة. أثن على صفاته الإيجابية في كل مناسبة. أمثلة : ما الذي يجعل طفلك عزيزا لديك؟ هل هي قدراته في إضحاك الناس؟ أم طريقته في الغناء الجميل؟ أم أمانته وصدقه ؟ أم موهبته في الرسم ؟ أي أشياء اخرى يمكن التفكير فيها.

* لتكن كلماتك قليلة عند إعطاء التوجيهات . اشرح دائما ما تريد من طفلك القيام به. أعط توجيها واحدا في المرة الواحدة، ولا تمطره بسيل من التوجيبهات دفعة واحدة . اشرح له ما يعني معطيا مثالا على ذلك ، وقدم تعزيزا إيجابيا حالما ينهي المهمة.

* عن التوقعية ، والثبات ، والأعمال والأنشطة الروتينية تزيد من إحساس الطفل بالأمان . تقيد بأوقات النوم وتناول الوجبات، ووفر نظاما محددا قدر الإمكان – الأعمال البيتية التي يقوم بها ، برنامج الواجب البيتي، الوقت الذي تمضيه مع طفلك.

* بدلا من قيامك بعمل الأشياء لطفلك ، اعمل معه على مهمات يتعلم هو كيف يقوم بها. علمه أن يخبرك متى لا يكون بحاجة إلى مساعدتك.

* شجع جميع جهود الكتابة لدى طفلك ، سواء كانت صحيحة أم لا. ودع مسألة الاهتمام بصحة الكتابة أو دقتها مسؤولية معلمه. ركز على تعليمه اتجاها إيجابيا حول الكتابة.

* أره كيف يحتفل "بعيد ميلاده". اقترح عليه أن يدون أشياء قليلة في دفتر مذكراته في نهاية اليوم كجزء من روتين وقت اليوم. اجعله يحتفظ بقائمة "أشياء سأقوم بعملها " أو " أهدافي هي" وعليه أن يقوم بتحديث هذه القائمة يوميا.

* كلما كتب طفلك شيئا ، أعطه الانتباه المناسب . ضعه على الثلاجة وامتدح جهوده: أنا فخور جدا بك لتعلمك كيف تكتب" !.

* اجلب انتباه طفلك إلى المرات العديدة خلال اليوم أو في الأسبوع عندما تحتاج إلى الكتابة. أمثلة : إرسال أو استقبال الاتصالات من أعضاء في الأسرة والأشخاص في العمل، قراءة الرسائل والإجابة عليها، والبريد الإلكتروني ، عمل قائمة مشتريات من الدكان ، كتابة شيك.

## نموذج (6)
## كيف تساعد طفلك على أن يكون قارئا جيدا

إذا كان طفلك صغيرا جدا:

*احمل طفلك في حضنك وأنت تنظر إلى الكتاب وتقرأ منه ما تحب أن تسمع. وإذا لم تكن اكتب متوفرة، استخدم مادة قرائية أخرى، مثل بطاقات المعايدة ، الكتالوجات ، الصحف ، المجلات ، قوائم التسوق، فكلما أدرك طفلك بأن الكتابة مهمة، كلما ازداد تطويره اتجاها إيجابيا حول القراءة.

* قبل أن تقرأ قصة لطفلك، اطلب منه أن ينظر خلالها ويتنبأ بما سيحدث بالنظر إلى الصور والتلميحات الاخرى ، توقف عن القراءة عند فترات متكررة كي تطلب منه أن يخمن أو يتنبأ بما سيحدث تاليا أو ما سيقوم به شخصية معينة في القصة. وهذا الإجراء يساعده في أن هناك كثيرا من الأساليب الممكنة / المحتمة لإنهاء القصة، وان القراء الجيدين يستمرون في التخمين في ما ستؤول إليه الأحداث.

* اترك الكلمة أو الكلمات الأخرى في عبارة أو جمل معينة وأنت تقرأ بصوت عال. سيتعلم طفلك أن يتوقف ويتوقع ما سيأتي ويملأ الكلمات المفقودة. عزز هذا السلوك بقولك " أليست القراءة ممتعة؟" أو "أنت قارئ جيدا!" حتى وإن لم يقرأ هو بالفعل إذ سيشعر بأنه قارئ وينظر إلى القراءة كعملية ممتعة وإيجابية.

*بعد انتهائك من قراءة قصة ، اطلب من طفلك أن يعيد قراءتها عليك. أصغ بشغف له ولا نعر انتباها إلى الدقة ! ستلاحظ بأن طفلك يقلد تعبيراتك وسرعتك في القراءة ، وهذا بالضبط ما ينبغي أن يقوم به. امتدح جهوده. " ما أعظمك من قارئ"، " احب أن تقرأ لي"، أنا فخور جدا بالطريقة التي تحاول فيها أن تساعد نفسك في تعلم القراءة.

**بالنسبة لجميع الأعمار:**

*اقرأ لطفلك ومع طفلك كل يوم. وإذ أمكن ، امض آخر 10 أو 15 دقيقة من كل يوم مع بعضكما تتشاركان في قراءة كتاب . إنه لأمر عظيم أن تقتربا كثيرا من بعضكما البعض وتحسن مهارة طفلك في القراءة.

* قوما برحلات منتظمة مع بعضكما إلى المكتبة العامة. احصل لطفلك على بطاقة مكتبة خاصة به. اطلب من قيم المكتبة أن يرى كليكما كيفية استخدم الحاسوب وآلات الميكروفيش للبحث عن معلومات يهتم بها طفلك .

*اطلبي من معلم الطفل كيفية استخدام " القراءة الهامسة ( قراءة الهمس) .

* عندما يقرأ طفلك لك ، لا تستجعل في ملء الكلمات المفقودة عندما يتردد في القراءة. أعطه وقتا كافيا للتفكير في كلمة مناسبة كي يدخلها في مكانها. لأنه من الأفضل له أن يخمن الكلمة التي تعطي معنى بدلا من المكافحة للحصول على الكلمة "الصحيحة".

* إذا طلب طفلك مساعدة عند القراءة ، فقد تقول ، دعنا ننظر إلى الصورة ونرى إذا كان بإمكاننا أن نستخرج ما يمكن أن تكون عليه الكلمة، أو اقفز عن الكلمة للحظة الحالية واستمر في القراءة حتى تصل إلى نهاية الجملة . ثم ارجع إلى بداية الجملة وحاول التعرف على الكلمة ، أو اخبره الكلمة. وخلال المراحل الأولى من تطور القراءة ، لا تتوقع من طفلك أن يقرأ كل كلمة على نحو صحيح . فهذا كفاح متعب قد يؤدي إلى اتجاه سلبي حول القراءة عموما.

**نموذج رقم (7)**

**كيف تساعد طفلك في أن يكون كاتبا جيدا**

- شجع جميع جهود طفلك في الكتابة، سواء كانت كتابته صحيحة ام لا . دع المعلم يهتم بالدقة. ركز على مساعدته في تطوير اتجاه إيجابي نحو الكتابة.
- علم طفلك طريقة إعداد بطاقات المعايدة وأعياد الميلاج كي يرسلها إلى أصدقائه وأقربائه . واقترح عليه أن يدون بضعة أشياء في دفتر اليوميات في نهاية كل يوم . اجعله يستمر في كتابة " أشياء سأقوم بها " أو " قائمة أهدافي التي أتطلع إلى تحقيقها" ، مع العمل على تحديثها كل يوم.
- كلما متب طفلك شيئا ، أعطه الانتباه المناسب. ضع ما يكتب على الثلاجة وامتدح جهوده : "أنا فخور بك لأنك تعرف كيف تكتب!.
- إجلب انتباه طفلك إلى الأوقات الكثيرة خلال اليوم أو الأسبوع التي يحتاج فيها إلى الكتابة . أمثلة على ذلك: إرسال أو استلام رسائل أو الرد عليها، كتابة قائمة تسوق من الدكان ، كتابة شيك.
- إعمل مع طفلك على كتابة رسالة إلى رئيس التحرير في صحيفة محلية. عبر مشاعرك وآرائك حول مقابلة في الصحيفة أو حدث ما فيها. فهذا العمل يظهر لطفلك أن الكتابة هي طريقة للتعبير عن الأفكار.
- إعمل مع طفلك على كتابة رسالة إلى جارك أو قريب لك الذي يسعده أن يسلك رسالتك .واطلب منه جوابا موجها إلى طفلك.

نموذج رقم (8)

**كيف تساعد طفلك أن يكون جيدا في الرياضيات**

1.  استخدم ورق العب ( الشدة) في العاب بسيطة مثل" لعبة الباصرة". أر طفلك كيف تحسب قيمة البطاقات بعد الأشكال المرسومة عليها. علمه ميف أن البطاقات التي تحمل أرقاما اكثر هي التي تربح. فكرةمن 2-10 ، ثم أعد البطاقات الأخرى إلى الطاولة.

2.  عن العاب اللوحات هي طريقة ممتازة لتعلم الأرقام . اطلب من طفلك أن يعد بصوت عال عدد الفراغات التي يحركها لكل جولة. إلفت الانتباه إلى أي بطاقة هي الأقرب إلى بداية ونهاية للعبة. فقد تدخل بعض حقائق الجمع والطرح في أثناء اللعب".

3.  بعض الأطفال يستطيعون أن يتعلموا كثيرا من الحقائق الرياضية بسرعة أكبر ( وتذكرها لمدة أطول) عندما تستخدم الإيقاعات الموسيقية والسجع في تعلمها . قم بأناشيد العد معا. لتكن الحقائق الرياضية منسجمة مع النغمات المألوفة.

*عد الأشياء وأنت تضعها في جدول البقالة.

* عد أدوات المائدة وأنت ترتب المائدة.

* عد الملابس المغسولة وأنت تخرجها من حوض الغسيل .

* ما الرقم الذي يأتي بعد 5 ؟ قبل 4 ؟

* عد بالعكس من 10 إلى صفر ( أو من 20 إلى صفر).

* كم دولابا في لعبة الشاحنة التي بحوزتك ؟ وكم عجلة في دراجتك الهوائية؟

* كم طفلا علينا أن ندعو إلى حفلة عيد ميلادك ؟ وكم قطعة علينا أن نقطع كعكة عيد الميلاد؟ وإذا حصل كل واحد على 6 قطع من الشكولاته، فكم قطعة تحتاج؟

الفصل الرابع
الموهوبون ذوو صعوبات
التعلم

# الموهوبون ذوو صعوبات التعلم

في عام (1981) عقد مؤتمر في جامعة جون هوبكنز (John Hoplins) في الولايات المتحدة ضم الكثيرين من الخبراء والاختصاصين في مجالي صعوبات التعلم والموهوبين والمتفوقين والطلاب ذوو صعوبات التعلم ، بينما لم يعر المجتمعون الكثير من الاهتمام للطلاب الذين يظهرون هاتين الفئتين في نفس الوقت ، إلا أنهم اتفقوا على أن الطلاب الموهوبين الذين يعانون صعوبات تعلم هم في الواقع موجودون ولكن غالبا ما يتم تجاهلهم أو إغفالهم عندما يتم قياس وتقييم الطلبة سواء على صعيد الموهبة أو صعوبات التعلم وكانت تلك بداية الاقتناع بإمكان وجود القدرات العقلية العالية والصعوبات التعلمية لدى الفرد نفسه وفي الوقت نفسه.

## من هم الموهوبون ذوو صعوبات التعلم

الطلاب الموهوبون ذوو صعوبات التعلم هم الطلاب الذين يملكون موهبة ظاهرة أو قدرة بارزة للأداء العالي، ولكنهم في الوقت نفسه يعانون صعوبات تعلم تجعل واحدا أو أكثر من مظاهر التحصيل الأكاديمي صعبا (Brody & Mills , 1997) وثمة مراجع كثيرة عن الأفراد الموهوبين ذوي القدرات العلية المتطرفة الذين يعانون صعوبات تعلم محددة، حتى أن الأمر يكاد يكون مألوفا لدى المربين.

إلا أن الكثير من الجل ما وال يحيط بتعريفات كل من الموهبة وصعوبات التعلم ويزداد الأمر صعوبة عند تعريف الأفراد الذين يتميزون بهاتين الصفتين معا.

فمثلا : عرف تيرمان الموهبة في عام (1921) على أنها ذكاء عام مرتفع، وعرفها ستانلي Stanly (1967، على أنها استعداد وقابلية في مجالات أكاديمية محددة وعرفها رنزولي (Rebzylli 1981) ، على أنها تفاعل بين القدرات العالية والمثابرة والإبداع وأكد جاردنر (Gardner,1993) في مفهومه عن الذكاء المتعدد إمكانية وجود قدرة عقلية عالية في مجال واحد دون أن تتطلب ذلك الاتساق بين هذه القدرات في كل المجالات.

**فإذا وضعنا في الحسبان إن التعريفات المعطاة لصعوبات التعلم تشير إلى أن هؤلاء يكونون متوسطي الذكاء أو أكثر يمكن الاستنتاج بأن تعريفات الموهبة لا تستثنى ذوي صعوبات التعلم لأنها.**

أ-  تشير إلى أنه ليس من الضروري أن يكون الطفل متفوقا في كل شيء حتى يعتبر موهوبا.

ب- لم تضع حدا ادنى للأداء أو القدرة في المجالات الأخرى التي لا يكون فيها الطفل موهوبا

ج - تقر وتعترف على وجه الخصوص بأن الطلاب يمكن أن يكونوا موهوبين حتى لو لم تكن أداءهم الحالي في مستوى عال طالما أنهم يملكون الإمكانية لذلك.

ويمكن القول بصرف النظر عن الجدل والاختلافات القائمة بين المربين حول التعريفات بأن الطفل الموهوب ذا صعوبات التعلم هو ببساطة الطفل الذي

يظهر موهبة كبيرة وقدرة أو تفوقا في مجال محدد وضعفا وعدم قدرة في مجال واحد أو مجالات أخرى.

## المتفوقون عقليا ذوو صعوبات التعلم

يمثل الطلاب المتفوقون عقليا ذوو صعوبات التعلم مجموعة مهمة من الطلاب الذين لا يجدون أي نوع من الرعاية أو التقدير، أو الخدمات النفسية والتربوية الملائمة (cline,1999) فالتركيز على ما لديهم من صعوبات تستبعد الاهتمام بالتعرف على قدراتهم المعرفية غير المعرفية وتجاهلها، وعلى ذلك فمن غير المتوقع أن نجد انحرافا discrepancy بين الإمكانات الأكاديمية هؤلاء الطلاب وأدائهم الفعلي داخل الفصول المدرسية.

(Whitmore & Maker, 1985)

ولكي نصل بالإمكانيات العقلية لهؤلاء الطلاب إلى مستواها المتوفع يتعين الترعف عليها والكشف عنها وتحديد طبيعتها ورعايتها، وفي نفس الوقت التعرف على صعوبات أو اظطرابات التعلم لديهم، في إطار المحددات الملائمة لكل من وجهي غير العادية أو ثنائية غير العادية (Dual exceptioalities).

والواقع إن تحديد التفوق العقلي أو الموهبة لدى الطلاب ذوي الصعوبات التعلم ينطوي على إشكاليات لسست هينة، فأساليب التعرف أو التحديد العادية القائمة على اختيارات المقننة، وقوائم ملاحظات تقدير الخصائص السلوكية ليست كافية وربما تكون غير الملائمة دون تعديل جوهري يتناول محدداتها.

فقوائم الخصائص السلوكية للطلاب المتفوقين عقليا ذوي صعوبات التعلم ربما تكون أكثر ملائمة بالنسبة للإمكانيات أو الخصائص السلوكية غير المختفية أو غير المطموسة أو غير المقنعة لدى أفراد هذه الفئة من الطلاب.

- فمثلا الطلاب ذوو القصور أو الاضطرابات أو الصعوبات السمعية لا يمكنهم الاستجابة للتوجيهات الشفهية، وهم لذلك ربما يفتقرون للمفردات اللغوية التي يؤثر على مستوى تعقيد أو نمو أفكراهم.
- والطلاب ذوو القصور أو الصعوبات أو الاضطرابات الحديث أو اللغة قد لا يستطيعون الاستجابة للاختبارات التي تتطلب استجابات لفظية.
- والطلاب ذوو القصور أو الاضطرابات أو الصعوبات البصرية قد لا يمكنهم الاستجابة لبعض الأداءات على الرغم من أن مفرداتهم اللغوية أو وحدات البناء المعرفي لهم قد تكون متقدمة أو ذات مستوى عال ، وهذا يؤدي إلى احتمال ضعف أو سوء فهمهم للمعنى الكامل للكلمات ، أو المفردات ، أو الوحدات المعرفية التي يستخدمونها.
- كما أن بعض الطلاب دوي صعوبات التعلم يمكنهم استخدام مستوى عال من المفردات اللغوية، أو الوحدات المعرفية شفهيا، أو خلال الحديث، لكنهم يفتقرون إلى التعبير عن ذواتهم من خلال الكتابة، والعكس بالعكس.
- إن الاضطرابات أو صعوبات التعلم أو قصور الحركة يمكن أن يؤدي إلى محدودية الخبرات الحياتية التي تسهم بدورها في محدودية الخبرات التي تشكل البناء المعرفي لذوي صعوبات أو لاضطرابات الحركية.

وعلى ذلك فإن المتفوقين عقليا ذوي صعوبات التعلم مجتمع يستعصي على التحديد أو التعرف من خلال معايير الاختبارات المقننة العادية، إضافة إلى مشكلات المقارنة والصعوبات المنهجية الأخرى.

فضلا عن ذلك ، فإن الطلاب هؤلاء غالبا ما يستخدمون ذكائهم في محاولة إخفاء أو تقنيع الصعوبات لديهم، هذه تسبب طمس كل من وجهي غير العادية - التفوق والموهبة، الصعوبة - بحيث لا يتاح لأي منها التعبير عن نفسها من خلال مختلف صور التعبير.

فتبدو الصعوبة أقل ظهور بسبب توحد أو تكيف الطفل عقليا معها، أو استخدام الطفل لذكائه المبذول في طمس أو تهذيب طهور صور أو مظاهر الصعوبة - إلى إخفاء مظاهر أو صور التعبير عن التفوق العقلي أو الموهبة.

## فئات المتفوقين عقليا ذوي صعوبات التعلم

انطلاقا من المشكلات النظرية والمنهجية التي تكتنف هذا المجال ، نعرض فيما يلي لعدد من القوائم التي صممت بهدف مساعدة كل من الآباء والمدرسين في التعرف على المتفوقين عقليا ذوي صعوبات التعلم أي التفوق العقلي المقترن بالصعوبات التالية:

- التفوق العقلي مع قصور أو اضطرابات أو صعوبات التجهيز البصري .
- التفوق العقلي مع قصور أو اضطرابات أو إعاقة بدنية.
- التفوق العقلي مع القصور أو اضطرابات أو صعوبات سمعية.
- التفوق العقلي مع القصور أو اضطرابات أو صعوبات التعلم.

- المتفوقون عقليا ذوو الضجر أو السأم أو الملل المزعجون.

- المتفوقون عقليا ذوو اضطرابات أو صعوبات الانتباه مع فرط النشاط.

**أولا : خصائص المتفوقين عقليا ذوي الصعوبات البصرية:**
**Gifted students with visual important**

- معدل تعلم سريع .
- ذاكرة نشيطة وفعالة بصورة غير فعالة.
- مهارات اتصال لفظي ومفردات لغوية ضخمة أو غير عادية.
- مهارات متميزة أو متقدمة أو قدرة غير عادية على حل المشكلات.
- إنتاج أو تفكير أبطأ عن الطلاب العاديين في بعض المجالات الأكاديمية.
- يسهل عليهم التعلم باستخدام طريقة برايل.
- مثابرة عالية أو درجة عالية من المقاومة.
- لديهم دافعية عالية من المقاومة.
- أحيانا لديهم معدل أبطأ للنمو المعرفي مقارنة بالطلاب العاديين.
- قدرة ممتازة على التركيز (Whitmore & Mark , 1985).

**ثانيا - المتفوقون عقليا مع إعاقات أو قصور بدني:**

Gifted students with physical disabilities

- تتولد لديهم مهارات تعويضية Compensatory skills.

- مبتكرون في إيجاد أساليب أو طرقا بديلة في الاتصال وإنجاز المهام.

- لديهم قدرة مدهشة على تخزين المعلومات والمعرفة والاحتفاظ بها.

- ذوو مهارات أكاديمية متقدمة.

- ذو ذاكرة نشطة بصورة غير عادية.

- ذوو مهارات أو قدرة غير عادية على حل المشكلات.

- ذو قدرة غير عادية على اشتقاق أو توليد الأفكار .

- ذوو قدرة على وضع أهداف بعيدة المدى والحرص على تحقيقها.

- ذوو معدلات عالية للنضج مقارنة بأقرانهم في نفس المدى العمري.

- مقاومون ، مثابرون ، صبورين.

- ذوو فضول أو حب استطلاع واستبصار.

- ناقدون ذاتيون، وموضوعيون وينزعون إلى الكمال.

- ذوو نمو معرفي لا يعتمد على الخبرة المباشرة.

- لديهم صعوبة في إدراك المجردات.

- إنجازهم التحصيلي ربما يكون محدود بسبب انخفض معدل الجهد.

Cline, 1999 ; Whitmore & Maker, 1985; Willard- holt, 1994

**ثالثا- المتفوقون عقليا ذوو صعوبات قصور أو صعوبات سمعية**
Gifted student with hearing importants

- نمو مهارات الحديث والقراءة يتم دون الحاجة إلى تدريس.
- ذوو قدرات مبكرة على القراءة.
- ذوو ذاكرة ممتازة.
- ذوو قدرة على الاستفادة من أساليب التعلم داخل الفصول المدرسة.
- ذوو سرعة غير عادية على اشتقاق أو توليف الأفكار.
- ذوو قدرة استدلالية عالية.
- ذوو أداء متميز في المدرسة.
- ذوو مدى واسع ومتعدد من الميول.
- ذوو أساليب غير تقليدية في الحصول على المعلومات.
- يكونون في مستوى الصفوف المدرسية التي ينتمون إليها.
- يتأخرون في تحقيق الإنجازات التي يستهدفونها.
- مبتدئون أو ذاتية البداية .
- لديهم حس فكاهي جيد.
- يستمتعون بمعالجة البيئة والتعامل معها.
- حدسيون ، ذوو حس حدسي.
- مبدعون في حل المشكلات .
- ذوو قدرات لغوية رمزية، لديهم نظام رمزي مختلف.
(Cline, 1999; Whitmore & Maker, 1984)

رابعا- المتفوقون عقليا ذوو صعوبات التعلم:
Gifted student with learning disabilities

- ذوو قدرة عالية على الاستدلال المجرد.
- ذوو قدرة عالية على الاستدلال الرياضي.
- ذوو ذاكرة بصرية تصويرية جيدة / عالية.
- ذوو مهارات أو قدرة مكانية ممتازة.
- لديهم مفردات لغوية أو وحدات معرفية متقدمة.
- لديهم حس فكاهي / مرحون.
- خياليون ومبتكرون.
- استبصاريون لديهم القدرة على الاستبصار.
- قدرات غير عادية في الهندسة والعلم والفن والأدب والموسيقى.
- لديهم صعوبات في التذكر والحساب والصوتيات ( النطق) أو التهجي.
- الميل إلى التشتت أو سهولة التشتت أو سوء التنظيم.
- شديدوا الحساسية.
- كماليون أو حريصون على الكمالية.
- يشتقون استعارات وقياسات وتجريدات.
- يفهمون النظم المعقدة.
- لديهم توقعات ذاتية غير ملائمة.
- غالبا ما يفشلون في إكمال الواجبات أو المهام أو التكليفات.

- يبدون صعوبات مع تتابع المهام.
- ذوو ميول مهنية واسعة ومتنوعة.

(Baum, Owen & Dixon, 1991; Silverman, 1989)

وتشير الدراسات والبحوث إلى أنه في العديد من الحالات يتم تشخيص الطفل باعتباره من ذوي اضطرابات الاتنباه مع فرط النشاط عندما يكون الطفل متفوقا عقليا ويستجيب بصورة غير ملائمة ( Web & Latimer , 1993 ).

ويعد مدخل رد الفعل الخارجي (acting out ) المحك الرئيسي للتمييز بين المتفوقين عقليا من غير اضطرابات الانتباه مع فرط النشاط ، وبين ذوي اضطرابات الانتباه مع الإفراط في النشاط، فإذا كان الأداء الملاحظ خاص بمواقف معينة فإن سلوك الطفل عليه أن يكون مرتبطا بالتفوق أو الموهبة.

بينما إذا كان السلوك متسقا عبر جميع المواقف فإن السلوم يغلب عليه أن يكون مرتبطا باضطرابات الانتباه مع الإفراط في النشاط (ADHD )كما يمكن أن يجمع الطفل بين التفوق العقلي واضطرابات الانتباه مع فرط النشاط.

والفقرات التالية تلقي الضوء على التشابه بين الخصائص السلوكية للمتفوقين عقليا ، ذوي اضطرابات الانتباه مع فرط النشاط.

**خصائص المتفوقين عقليا الملولين GIFTED WHO ARE BORED**

● انتباه ضعيف وأحلام يقظة عندما يكونون ضجرون.

● ضعف الميل للمثابرة عند أداء المهام التي تبدو غير مثيرة للاهتمام.

● يبدءون الكثير من المشاريع لكنهم لا يكملون إلا القليل منها.

● يقيمون تقديرات مبالغ فيها لنموهم العقلي.

● يشتبكون ويكافحون بقوة مع ذوي السلطة.

● مستوى عال من النشاط ربما يحتاج إلى ساعات نوم أقل.

● صعوبة في التحكم في الرغبة في الحديث أو الكلام بصورة مزعجة.

● لا يهتم بقواعد أو آداب الحديث أو التعامل أو التقاليد .

● بفقد عمله ينسى واجباته المنزلية، غير منظم.

● ربما يبدو مهملا أو غير عابئ أو غير مكترث بنتائج أعماله.

● لديه حساسية شديدة للنقد.

● لا يسبب مشكلات سلوكية في جميع المواقف.

● يبدي مستويات أداء متسقة عندما يكون في حالات نفسية متسقة
(CLINE WEBB & LATIMER, 1993; 1999)

**خصائص الطلاب ذوي اضطرابات الانتباه مع فرط النشاط:**

- ضعف واضح في سعة أو أمد الانتباه.
- يتحول غالبا من النشاط غير المكتمل إلى نشاط آخر .
- مندفع ، لا يمكن تأجيل مداخلاته.
- مفرط في النشاط لا يهدأ مقارنة بالأطفال الآخرين.
- غالبا يتحدث بلا انقطاع .
- يقاطع حديث الآخرين في أغلب الأحيان.
- يجد صعوبة في الانصياع للأوامر أو اتباع التعليمات أو الأنظمة.
- غالبا يفقد الأشياء الضرورية لأداء المهام أو الواجبات المدرسية.
- يبدو غير مهتم أو منتبه للتفاصيل.
- لديه حساسية شديدة للنقد.
- يبدي مشكلات سلوكية في جميع المواقف، تكون أكثر شدة في بعضها.
- يبدي تباينا حادا في أداء المهام والزمن الذي يستغرقه في إنجازها.
- لا يعبأ بالنتائج المترتبة على مستويات وأنماط أدائه للمهام المختلفة.
- يبدي اضطرابا عندما يكلف بتنظيم أو إعداد بعض المهام في المواقف الاجتماعية.

( Barkley,1990 ; Cline, 1999 ; Webb & Latimer, 1993)

**التمييز بين المتفوقين عقليا وذوي اضطرابات الانتباه مع فرط النشاط: يمكن التمييز بين المتفوقين والموهوبين وذوي اضطرابات الانتباه مع فرط النشاط في ضوء الأسئلة التالية:**

- هل السلوكيات التي تصدر عن الطفل استجابة لتسكين أو وضع غير ملائم ، أو عدم كفاية استثارة أو نتيجة لافتقار أقرانه للمستوى الملائم من الذكاء في الموقف؟
- هل يمكن للطفل التركيز عندما يستثيره أو يجذب اهتمامه النشاط؟
- هل تم تعديل المقررات أو المناهج في محاولة لتعديل السلوك غير المرغوب الذي يصدر عنه؟
- هل أجريت مقابلة للطفل؟ ما هو شعوره / شعورها تجاه السلوكيات أو السلوك الصادر عنه/ عنها؟
- هل الطفل يشعر أنه غير منضبط أو متقلب؟ وهل يدركه الآباء أو يتعاملون معه على هذا الأساس؟
- هل السلوكيات غير المرغوب التي تصدر عن الطفل تحدث في أوقات معينة خلال اليوم؟ أو خلال ممارسته لأنشطة محددة؟ أو مع مدرسين معينيين ؟ أو في ظروف بيئية أو اجتماعية معينة؟

**تضمينات تربوية مهمة لثنائي غير العادية:**

لكي نوفر مزيدا من الضمانات والضوابط التي تساعد في تحديد المتفوقين عقليا ذوي صعوبات التعلم ورعايتهم، يجب أن نحدث تعديلا في أساليب ومداخل المربين والممارسين التي يستخدمونها مع هؤلاء الطلاب من حيث:

- التعريف أو التحديد.
- التدريس.
- ديناميات التعامل معهم داخل الفصول المدرسية.

**أولا : التعريف والتحديد:**

– يجب أن تشمل التصفية المبدئية (screening) ذوي صعوبات التعلم.

– يجب أن نرحب بتقبل المؤشرات غير المقاسة للتفوق العقلي أو الموهبة.

– يجب أن ننظر إلى وراء درجات الاختبارات ، بسبب أن هذه الدرجات لا تعبر في أغلب الأحيان عن واقع إمكانات هؤلاء الطلاب.

– عندما تطبق درجات القطع (cutoffs) على الاختبارات يجب أن نضع في اعتبارنا الإحباطات المصاحبة للأداء الاختباري الناشئة عن الشعور الكامن لدى هؤلاء الطلاب بعجزهم.

– يجب ألا نقيم وزنا أكبر للأداء على الاختبارات الفرعية إذا كان الأداء على الاختبارات الشاملة مختلف، أو أن الانحراف بين الأدائين كبير.

- يجب إجراء مقارنات بالطلاب الآخرين الذين لديهم ذات الصعوبات.

- يجب إعطاء وزنا نسبيا أكبر للخصائص التي تمكن الطفل من تفاعله مع تعويض جوانب عجزه أو ضعفه.

- يجب إعطاء وزنا نسبيا أكبر لمجالات الأداء التي لا تتأثر بجوانب الضعف أو الصعوبات لدى الطفل.

- يجب السماح للطفل بالمشاركة في برامج المتفوقين عقليا كنوع من محاولات دعم واستثمار جوانب تفوقه وتعويض جوانب ضعفه.

**ثانيا: التدريس:**

- يجب أن يكون المدرس على وعي بالدور الذي تلعبه اللغة في إحساس الطفل بذاته، ولذا يتعين تخفيض محددات ودواعي الاتصال اللفظي، واستثارة بدائل ووسائط أخرى للتفكير والاتصال، كممارسات الأدائية أو المعملية، والحد ما أمكن من الاعتماد على التفاعل اللفظي.
- يجب التأكيد على المستويات العليا للتفكير المجرد، والابتكار وحل المشكلات كمداخل مهمة لدعم جوانب التفوق (abstеact thinking ).
- يجب رفع مستوى التوقعات بالنسبة لهؤلاء الطلاب، فهم يؤدون على نحو أفضل ويصبحون أكثر نجاحا وتفوقا كاكبار في المجالات التي تتطلب قدرات عالية ونوع من التحدي.
- يجب تقدم مهام فردية محددة تدعم جوانب التفوق وجوانب الضعف.

**يجب على المدرس أن:**

- يقدم أنشطة تتحدى قدرات هؤلاء الطلاب إلى المستوى المتقدم منها.
- يشجع المتطلبات المصاحبة للأنشطة والتمرين والمناقشة.
- يشجع التوجيه الذاتي.
- يقدم بدائل متعددة تمكن الطلاب من استخدام جوانب القوة لديهم وأساليب تفضيل تعلم المواد المختلفة.
- يستخدم جوانب التفوق العلمي لاشتقاق وتطوير العديد من أنماط الاستراتيجيات المتنوعة.
- يساعد في تدعيم وتنمية مفهوم الذات بأبعاده المختلفة لدى الطالب.


**ثالثا - ديناميات التفاعل داخل الفصل:**

- ناقش جوانب الضعف وجوانب القوة وتطبيقاتها على الأداء المدرسي.
- توقع ممارسة مختلف الأنشطة والاداءات وحاول إيجاد نوع من التفاعل الاجتماعي السوي بين هؤلاء الطلاب وأقرانهم العاديين.
- اعمل على تيسير التقبل العام والاحترام المتبادل لجميع الطلاب.
- أجب على أسئلة الأقران بندية وإيجابية.
- عامل الطفل ذوي الصعوبة بنفس الطريقة والإيجابية أو الفاعلية التي تعامل بها لاطفل العادي.

- من الضروري مراعاة الفروق الفردية بين الطلاب وتدعيم وتقدير تمايز الاداءات المدرسية أو الفصلية على اختلاف صورها ومستوياتها.
- يحتاجون إلى ما تستثير قدراتهم ويتحدى إمكاناتهم ، وان الآثار الشخصية والاجتماعية المترتبة علة تجاهل إمكانيات هؤلاء الطلاب واحتياجاتهم الخاصة لا يمكن تقدير آثارها أو تعويضها.

## الكشف والتعرف

من المهم اكتشاف الطلبة ذوي صعوبات التعلم الموهوبين لأن عدم اكتشافهم بالسرعة المناسبة سيقود في معظم الأحيان إلى استجابات انفعالية سببية يمكن أن تأخذ شكل الاكتئاب أو القلق أو التقدير المتدني للذات أو العدوانية والانسحاب ناهيك عن أن الاستراتيجيات التعويضية التي يمكن تعليمها لهم تصبح أقل فاعلية كلما تقدم الأطفال بالعمر.

إن التعرف المبكر هدف مهم للحد من هذه النتائج السلبية وحتى يسمح لموهبة الأطفال بأن تنمو وتتطور بدلا من أن تذوب وتنطفئ أو تكبت ، يضاف إلى ذلك إ، اكتشاف الطلبة الموهوبين ذوي صعوبات التعلم ومساعدتهم تجعل المدرس أكثر قدرة على إدارة الفصل وتمكنه من تجويد التدريس، عن عددا من المشاهير مثال أديسون ودافنشي، وباتون ، ويلسون، وتشرشل، وانشتاين، يعدون من بين الموهوبين ذوي صعوبات التعلم إلا أنهم كانوا قادرين على تجاوزها والتغلب عليها بالجهود التي بذلوها بأنفسهم وبمساعدة آبائهم في أحيان أخرى، ويتساءل البعض عما كان يمكن أن يفعل هؤلاء أو ينجزوه له أنه تعرف مشكلاتهم والتعامل المنهجي معها مبكرا (Ellston).

من الواضح أن المربي يتعامل مع مجموعات غير متجانسة من الطلاب يمثلون أنماطا مختلفة من المواهب التعليمية والتفوق الأكاديمي المقرونة بأشكال متنوعة من الصعوبات التعلمية، الأمر الذي يصعب توفير محكات تتسم بالصدق والثبات لتعرف واكتشاف جميع أفراد هذه الفئة ومع ذلك فإن هناك بعض الخصائص العامة لتعرف أو المؤشرات التي يمكن أن تؤخذ بالحسبان عند محاولة تعرف هؤلاء الطلاب (Brody & Mills, 1997) من أبرزها:

### أولا: وجود دليل على موهبة بارزة أو تفوق:

ينبغي أن يجد الفاحص دليلا على موهبة خاصة أو تفوق عقلي بدلالة قدرة الطالب على أداء فعل من مستوى عال، أو قابلية للأداء على عال.

فالموهبة قد تكون عامة أو خاصة تبرز في أي من المجالات المختلفة ، وينبغي أن لا يغيب عن ناظري الفاحص أن صعوبات التعلم قد تخفض أداء الطلاب في اختبارات الذكاء مما يدعوه لتعديل قراءته المخفض الذي تتركه صعوبات التعلم على أداء هؤلاء الطلاب، وإذا صرفنا النظر عن الجدل الدائر هو قيمة اختبارات الذكاء في الكشف عن الموهبة فإنه يمكن القول بأن أكثر ما يستخدم في الكشف عن هذه الفئة اختبارات الذكاء ومقاييس الإبداع واختبارات القدرات الخاصة وترشيحات أولياء الأمور والزملاء والاختبارات غير النظامية (informal) والتباين بين الذكاء وبين التحصيل الفعلي.

**ثانيا - على التباين بين التحصيل والقابليات:**

يظهر على الطلبة الموهوبين ذوي صعوبات التعلم أدلة على التباين بين قدراتهم العالية ( الذكاء) وبين تحصيلهم الفعلي ، وبالرغم من أن مفهوم التباين شائع ومستخدم في كثير من التعريفات الإجرائية للطلاب ذوي صعوبات التعلم الظاهرة وبالرغم من أن هناك جدلا ونقاشا ضد تعريف صعوبات لتعلم بالاعتماد على التباين في الأداء فإن البحث عن أدلة التباين بين القدرة والتحصيل مهم بشكل خاص في تعريف الطلبة الموهوبين ذوي صعوبات التعلم، علة ألا ينظر إلى التباين بين القدرة والتحصيل على أساس أنه الصفة الوحيدة في وصف هؤلاء الطلبة بل يجب أن تكون التباين جزءا من المعلومات التيي تؤخذ بالحسبان عند التقييم ، إذ يجب أن تعتمد القدرات المتعلقة بوجود صعوبات التعلم وشدتها بشكل جوهري وأساسي على أحكام المهنيين...... المبينة على القياس المتعدد الأوجه حيث تكون درجات الذكاء المعيارية وبيانات التحصيل جزءا فقط من هذا القياس (Geaham & Harris, 1989).

ثالثا - أدلة على عجز أو ضعف العمليات:

بالرغم من إمكان كون التباين بين التحصيل والقدرات متطلبا رئيسيا لتعرف الطلاب الموهوبين ذوي صعوبات التعلم إلا انه ليس كافيا بحد ذاته، لأن التباين قد ينتج عم أسباب متعددة كالكسل أو سوء طرق التعليم أو الظروف البيئية السيئة أو المشكلات الانفعالية، ولعل اكثر ما يميز ذوي صعوبات التعلم الذين يتدنى تحصيلهم الفعلي في مجال أكاديمي أو أكثر عن غيرهم من الطلاب الذين يتدنى تحصيلهم لأسباب أخرى هو ضعف في معالجة المعلومات (data processing) الذي يمكن تعرفة من تحليل الاختبارات الفرعية في

بعض اختبارات الذكاء والذي يعد دالة على تدني التحصيل بسبب صعوبات التعلم لا بسبب عوامل بيئية.

## خصائص الموهوبين ذوي صعوبات التعلم

من الصعوبة بمكان وصف أو وضع قائمة بخصائص نموذجية للأفراد الموهوبين ذوي صعوبات التعلم لأن ثمة الكثير من أنواع الموهبة والكثير من أشكال صعوبات التعلم المحتملة، مما يجعل من تشخيص هذه الفئة مسألة معقدة، فغالبا ما تخفي صعوبات التعلم الموهبة أو تحول دون التعبير عنها ويمكن بالمقابل القول بأن الموهبة في أغلب الأحيان أن تخفي صعوبات التعلم لن قدرات الشخص العقلية القوية يمكن أن تساعده في تجاوزها أو التغلب عليها أو التعويض عنها، وفيما يلي إبراز الخصائص التعليمية وبعض أشكال الضعف التي تلاحظ بدرجة اكبر من الأخرى لدى هؤلاء الأطفال:

ضعف في الكتابة اليدوية ، ضعف في التهجئة ، فقدان القدرة على التنظيم، صعوبة في توظيف واستخدام استراتيجيات منظمة لحل المشكلات ، غالبا يلاحظ قدرة على التحدث والفهم ، وإدراك العلاقات واكتشافها بشكل جيد ، غنى المفردات ومعلومات ذات صلة بكثير من الموضوعات المتنوعة، مهارات انتباهية ، قدرة عالية على التفكير المنطقي ( الاستدلال ) ، مهارات تواصل جيدة ، وربما يكونون منتجين ومبدعين ، دافعية عالية للأداء بخاصة للمهمات التي يميلون إليها خصائص أخرى قد توجد مثل حب الاستطلاع ، مدى واسع من الاهتمامات المتعددة، والقدرة على العمل الجيد باستقلالية   (Ellston 1993 ) غير انهم كثيرا ما يواجهون صعوبات في واحدة أو أكثر مما يلي:

الكتابة ، القراءة ، الرياضيات ، استكمال المهمات الأكاديمية ، ضعف اللغة ضعف الذاكرة ، تكوين المفاهيم والإدراك المكاني (Mark & Udvall, 1996 ) .

ومع ذلك فثمة خصائص أخرى من أكثرها وضوحا مفهوم الذات السلبي، حيث يظهر أن الطالب الموهوب ذا صعوبات التعلم يشعر وكأنه فاشل ويشعر بالخيبة والإحباط ، وانه أقل قدرة وكفاءة مما يشعر به أقرانه طلاب صعوبات التعلم ذوو القدرات العقلية الموسطة، فتراهم يشعرون وكأنهم فاشلون وأن فشلهم غير مفهوم لأن يدركون أن قدراتهم عالية ومع ذلك فإنهم لا يستطيعون أن يقوموا بالأداء الأكاديمي بالطريقة التي يتوقعونها.

ولعل ما يجعل الأشياء تبدو أكثر تعقيدا هو أن هؤلاء الأطفال يضعون لأنفسهم أهدافا وتوقعات عالية ويميلون لأن يكونوا أكثر نقدا لأنفسهم.

ويلاحظ على بعض وذوي صعوبات التعلم الموهوبين مثلما هي الحال لدى بعض ذوي صعوبات التعلم الآخرين أنهم يميلون لأن يكونوا عدائيين ، مهملين من السهل إحباطهم ، فوضويين ، يظهرون أحلام اليقظة في الفصل ، أو يشكون من الآم الرأس أو المغص (Ellston, 1993 ).

**مؤشرات تساعد في تمييز الطلبة الموهوبين ذوي صعوبات التعلم**

(SILVERMAN, ١٩٨٣)

| مؤشرات على الموهبة | مؤشرات على صعوبة التعلم |
|---|---|
| روح دعابة عالية | أساليب ذكية في تجنب مجالات الضعف |
| تفوق في الذاكرة طويلة المدى | ضعف في الذاكرة قصيرة المدى |
| مفردات غنية | المفردات المحكية أكثر تطوراً من المفردات الكتابية |
| تفوق في القراءة الاستيعابية | صعوبة في فك رموز الكلمات ( التهجئة) |
| تفوق في الاستنتاج( التعليل)الرياضي | كره الأعمال الكتابية |
| مهارة لفظية في استخدام الكمبيوتر | خط يدوي غير مقروء |
| سرعة في استيعاب المفاهيم المجردة | صعوبة كبيرة في التهجئة والصوتيات |
| تفوق أداء المهمات الصعبة | صعوبة في المواد البسيطة |

| | |
|---|---|
| | والعمليات المتابعة |
| إبداع وقدرة تخيلية | صعوبة في الذاكرة الصماء |
| قدرة على التعليل والاستنتاج | غالباً ما لا يكون منتبهاً في الصف وغافلاً ومهملاً |
| أداء ناجح للأشياء الصعبة المعقدة | تغليب العواطف على التفكير العقلاني |
| إمكانية توافر سمع حاد | ذاكرة سمعية ضعيفة |
| حب استطلاع وتساؤل | ضعف في قواعد اللغة والترقيم |
| طاقة عالية من النشاط | أداء سيئ في الامتحانات المحددة بوقت |
| قدرة على الإدراك والاستبصار | إمكانية التعلم إذا توافر الاهتمام والدافعية |
| إمكان التفوق في الفن أو العلم أو الموسيقى أو التكنولوجيا أو الهندسة | إمكانية الإخفاق في تعلم اللغات الأجنبية والموضوعات التي تستند في الذاكرة السمعية التتابعية |

## الخصائص السلوكية المميزة لكل من المتفوقين عقلياً وذوي صعوبات التعلم

| علامات أو مؤشرات التفوق العقلي | علامات صعوبات التعلم (silverman) |
|---|---|
| ذاكرة طويلة المدى ممتازة | ذاكرة قصيرة المدى ضعيفة وفقيرة |
| مفردات لغوية غزيرة وشاملة | مفردات التحدث أكثر تعقيداً وملائمة من مفردات الكتابة |
| متميز في الفهم القرآني | يكافح في فهم واستيعاب الرموز |
| تميز في الاستدلال الرياضي | أداء ضعيف أو فقير في العمليات الحسابية |
| مهارات لفظية ولغوية عالية في المناقشات | رفض أداء الأعمال الكتابية أو المكتوبة |
| يسر وسهولة ومهارة في استخدام الحاسب | خطة أو كتاباته سيئة أو المكتوبة |
| يفهم أو يستوعب المفاهيم المجردة | صعوبات ملموسة في التهجي وأصوات الحروف |
| يؤدي على نحو جيد في الأعمال التي تتطلب التحدي | يجد صعوبة في الأعمال التتابعية حتى لو كانت سهلة |

| | |
|---|---|
| ينمو ويميل إلى التعقيد | يجد صعوبة غب التذكر الأصم |
| خيالي ومبتكر بقوة | غالباً يبدو غير منتبه داخل الفصل |
| ذو قدرة استدلالية عالية ذا منطق | انفعالات غير مبررة منطقياً |
| ملاحظ يقظ | ذو ذاكرة سمعية ضعيفة/فقيرة |
| ذو ذاكرة سمعية دقيقة | ذو انفعالات سمعية ضعيفة /فقيرة |
| ذو أفكار شيقة وممتعة ومدهشة | ضعيف في ميكانيكية أو قواعد اللغة |
| كثير الأسئلة، يسأل أسئلة عميقة | ربما يكون غير قادر على تعلم ما لا يثير اهتمامه |
| لديه درجة عالية من الطاقة المتجددة | يؤدي أداء ضعيفاً على الاختبارات الموقوته |
| استبصار ذي بصيرة، حدسي | غير منظم بصورة ميئوس منها |
| لديه حس فكاهي ممتاز | يجد أساليب ماهرة لتغطية نقاط الضعف لديه |
| يبدي امتيازاً أو تميزاً في الفن، والإعلام | ربما يفشل في تعلم اللغات والموضوعات التي تعتمد على السمع والتتابع والتذكر الصم |

الكشف عن المتفوقين عقلياً ذوي صعوبات التعلم ورعايتهم:-

| الأعراض: symptoms | الحلول: solutions |
|---|---|
| التهاب مزمن في الأذن خلال السنوات الثلاث الأولى ترجع غالباً أو تكون مصحوبة بحساسية | علاج طبي فوري التحدث بصوت عال نطق واضح استخدام العينين والجسم عند الحديث |
| لا يسمع الأصم عند مشاهدة التلفزيون | المس/ ربت كتفه لجذب انتباهه واهتمامه |
| إفراط في النشاط يكون مصحوباً بفترات من التركيز | تدريبات على الاسترخاء، علاج الحساسية اختيار اضطرابات الانتباه مع الإفراط في النشاط |
| أحياناً ينظر نظرة بلهاء أو بلا معنى | تحدث بصوت مسموع واستخدام التلميحات |
| يسهل تمشيته في المواقف المصحوبة بضوضاء | وفر أماكن هادئة أو استخدم سماعة الأذن |
| لا يمكنه تذكر ثلاث خطوات متتابعة في التعليمات | اكتب التعليمات أو التوجيهات على ورقة |
| لديه صعوبة فى تعلم صوتيات | درس كلمات مرئية مع دلالات وتلميحات |

| اللغة | السياق |
|---|---|
| لديه صعوبة في التهجي | اجعـل الكلمات مرئية، علمه التهجي إلى الخلف والى الأمام مع إغماض العينين |
| لديـه صعوبة في تعلم الحقائق الرياضية | درب الطفـل علـى إكمـال حفظ جدول الضرب |
| يسـأل مراراً عند التعليمات أو التوجـيهات أو يقلـده الأطفال المقربين منه | اكتب التعليمات على السبورة استخدم لغة العينين أو الإشارات قبل تقديم التعليمات |
| أداؤه ضـعيف على الاختبارات المدرسية الموقوته | اسـمح للطفـل بـأن يـأخذ الاختبارات الموقوته ويحاول أدائها أو التدريب عليها في المنزل |
| خطـة أو كـتاباته سيئة يعكس الحروف / يفقدها | علـم الطفل أن يستخدم الحاسب الآلي أو الآلة الكاتبة |
| لا يـتكلم واجـباته المدرسـية المكتوبة /كتابة | اسـمح باستخدام معالج الكلمات في أداء الواجبات |
| لديـه صـعوبة فـي أخـذ الملاحظات داخل الفصل | سـامح باستخدام جهاز التسجيل قدم نسخ كربونـية أو مصورة من الملاحظات أو الدروس |

| | |
|---|---|
| لديه صعوبة في استكمال الأعمال أو الواجبات السهلة بينما أداؤه جيد في الأعمال الصعبة | كلف الطفل بالأعمال الصعبة وتجاهل الأعمال السهلة والتي تقوم على التتابع، علم الطفل مواد متقدمة بصورة كلية غير مجزأة |
| أداءه ضعيف في التذكر الأصم والنماذج | مكن الطفل من التعليم القائم على التعقيد والمفاهيم المجردة التذكر القائم على المعنى |
| لا يستجيب جيداً للجهود العلاجية أو التدريبية | درب الطفل على استخدام الاساليب التعويضية |
| أداؤه ضعيف في بعض المواد الدروس وجيد في البعض الآخر ( ربما يكون ضعيف في الرياضيات /الحساب/ البيولوجي/اللغة الإنجليزية/ الفرنسية/ الإنشاء/أو التعمير على حين يكون أداؤه جيد في الهندسة / الفيزياء الكيمياء / مهارات الاستدلال الرياضي المبتكر القصص الروائية أو الخيالية | ركز على جوانب القوة لدى الطفل استخدم معينات بصرية، اسمح للطفل في التدريس اشغل الطفل الحاسب الآلي كمساعد في التدريس اشغل الطفل انفعالياً وبعيداً عن جوانب الضعف لديه، درب الطفل على الصياغات اللغوية أو التعبيرية والحمل الإنشائية وكذا الحقائق والقوانين الرياضية أو الحسابية |

**المتعلمون التحليليون ( خطوة خطوة) والمتعلمون الكليون( المكانيون)**

| المتعلم خطوة خطوة | المعلم الكلي ( المكاني) |
|---|---|
| متعلم خطوة – خطوة بالتعاقب أو التسلسل | متعلم اعتماداً على علاقة الكل بالجزء |
| يتعلم بالمحاولة والخطأ | يتعلم بالمفاهيم المستهدفة كلها مرة واحدة |
| مفكر تحليلي analytic | مفكر علاقات ونظم– يرى العلاقات المعقدة |
| جيد في الحساب | جيد في الاستدلال الرياضي |
| يتتبع التعليمات أو الواجبات الشفهية جيداً | قد لا يكون منتبهاً في الفصل |
| يتعلم الصوتيات بسهولة | يتعلم الصوتيات بصعوبة |
| جيد في التهجي | ضعيف في لتهجي |
| جيد في الحفظ والتذكر الصم | ضعيف في التذكر الصم ممتاز مع المجردات |

| | |
|---|---|
| جيد في أداء الاختبارات الموقوته | ضعيف في الأداء على الاختبارات الموقوته |
| يـتقدم تتابعـياً من المواد السهلة إلى الصعبة | يتعلم النظم المعقدة بسهولة ويكافح مع السهلة |
| خطة وكتاباته جيدة | خطة وكتاباته سيئة |
| منظم جداً | ربما يكون غير منظم |
| يتعلم من النماذج | يفضل أن يكون له طريقته الخاصة في حل المشكلات |
| يحتاج إلى تكرار التعزيز في التعلم | الـتعلم عـادة لديـه دائم ينحسر بالتكرار |
| يمكنه عرض اعلم بسهولة | يصـل إلى الحلول الصحيحة دون التقيد بالخطوات |
| جيد في البيولوجي واللغات الأجنبية | جيد في الهندسة والفيزياء |
| ممتاز أكاديمياً ( يتفوق تحصيلياً) | مبتكر ( متفوق ابتكارياً ) |
| ينضـج أو يصـل إلـى أوج الكفاءة مبكراً | ينضـج أو يصل إلى أوج الكفاءة متأخراً |

ومن المسلم به أنه لا يوجد أنماط نقية تماما تنطبق على هذه المحددات كلية وما يمكن تقريره هنا بقدر كبير من الثقة أن الخصائص السلوكية ترتبط فيما بينها ارتباطا عاليا مكونة النمط الذي نتحدث عنه أن هذه كما أنها ترتبط بغيرها من الأنماط ارتباطا ضعيفا.

وعلى ذلك تتعدد الخصائص السلوكية لدى المتفوقين ذوي صعوبات التعلم كما أشرنا إلى ذلك بتعدد أنماط التفوق العقلي من ناحية ، وتعدد أنماط صعوبات التعلم من ناحية أخرى والتفاعل بين هذه الأنماط من ناحية ثالثة.

## الاستراتيجيات التعليمية

ينبغي أن يوجه البرنامج الذي يوضع لطلبة هذه الفئة إلى نقاط القوة أكثر منه إلى نقاط الضعف، ومن الممكن لهؤلاء الطلب أن يستفيدوا من مجموعة من لاستراتيجيات والتعديلات والتكييفات المختلفة كتقسيم المهمات إلى وحدات صغيرة ذات معنى ، واستخدام الإطراء والثناء وتعليم الرفاق الأسس التعاونية في أداء المهمات، والنشاطات الرامية إلى تعزيز الذات وإثارة الطموح لدى المحبطين من الطلاب ، واستخدام التكييفات المختلفة للمواد والنشاطات، وبصرف النظر عن أية فروق تقوم بين الطلبة في هذه الفئة فإنهم جميعا يشتركون في حاجاتهم إلى البيئة التي ترعى وتغذي وتنمي موهبتهم من جهة ، وتأخذ بالحسبان صعوباتهم العلمية من جهة أخرى بحيث يتوافر لهم الدعم النفسي اللازم ليستطيعوا التعامل مع قدراتهم غير المتسقة أو المتفاوتة ، ويمكن ضمن هذا السياق تقديم الخطوط العريضة التالية للمساعدة على تطوير البرامج التي تلبي حاجات هؤلاء الطلاب:

- **تركيز الانتباه على تطوير الموهبة**: كانت الجهود المقدمة للطلاب ذوي صعوبات التعلم تنصت على علاج المهارات الأكاديمية الأساسية في الوقت الذي لم تقدم فيه إلا القليل من الفرص لتطوير الموهبة لدى الطلاب ذوي صعوبات التعلم الموهوبين ، وقد أزهرت الأبحاث أن التركيز على أنماط الضعف في مجال تطوير الموهبة يمكن أن يؤدي إلى تقدير سلبي للذات وفقدان الانتباه يجب أن ينصت على تطوير نقاط القوة والاهتمامات الطاقات العقلية المتقدمة والمتميزة ، ذلك أن هؤلاء الطلاب يحتاجون إلى النشاطات الاثرائية يجب أن تصمم للالتفاف على نقاط الضعف وتجنبها، ولتسليط الضوء على الكثير التجريدي والإنتاج الإبداعي لهم، ويشار في هذا الصدد إلى ما ظهر بالدراسة Baum,1990 من أن البرامج التي وجهت للطلاب الموهوبين ذوي صعوبات التعلم التي ركزت على تطوير الموهبة والتفوق قد أظهرت تطورا كبيرا في تقدير الذات والدافعية والسلوك التعلم المنتج وتحسن التحصيل في المهارات الأساسية برغبة غير متوقعة لكثيرين من الطلاب، ومن هنا يقال أ، التركيز على الموهبة من الصعوبة لدى الطلبة يؤدي إلى فوائد جمة وملموسة.

- **توفير البيئة الراعية التي تقدر الفروق الفردية**: من خصائص البيئة الراعية أنها بتطوير إمكانيات الطلبة تقدر وتحترم الفروق الفردية، تكافئ الطلاب على ما يستطيعون أن يفعلوه بشكل جيد، تمكن من اكتساب المعلومات والتواصل بما تم تعلمه ، توفر عدة فرص للطلاب ليعملوا في مجموعات تعاونية لتحقيق الأهداف، تقبل وتعترف بالعمل الجاد الهادف ، إن شأن هذه البيئة ألا تجعل الشعور يتسرب إلى نقص الطفل بأنه مواطن من الدرجة الثانية وتيسر الطلاب الموهوبين ذوي صعوبات التعلم أن

يميزوا ويتفوقوا ويبدع كل في طريقته وحسب قواه Baum,1990. تتفاوت الأنظمة التربوية في تحديد البيئة المناسبة للطلبة ويراعى في ذلك حدة الحالة والتسهيلات المكانية في المدرس وتوافر المعلمين المدربين للتعامل مع أفراد هذه الفئة، فقد تتم التداخلات العلاجية في غرف الصف العادي أو في غرف المصادر أو في الصفوف خاصة، على أو يتوافر في أي من هذه البيئات ما يلي:

- برامج متميزة ذات مستوى متقدم في مجالات نقاط الضعف ومواطن القوة لديهم.
- تدرج مطور في الموضوعات ذات النمو المتوسط.
- تدريس علاجي في مجالات الصعوبة .
- تدريس معدل ومكيف في مجالات الصعوبة.

وبصرف النظر عن البيئة التي توفر لهؤلاء الطلاب في التداخلات العلاجية يجب أن تأخذ بالحسبان المزيد في التركيز على تطوير الموهبة وتنميتها لا تقف عند معالجة صعوبات التعلم ونقاط الضعف Ellston, 1993.

- تشجيع الاستراتيجيات التعويضية: تميل صعوبات التعلم على نحو ما لأن تكون دائمة، لا حالة مؤقتة، فالطالب ذو التهجئة الضعيفة سوف يحتاج بشكل دائم إلى فحص الأخطاء قبل تقديم الصورة الأخيرة إلى دلالة الحاسبة للتأكد من صحة أجوبته، آية ذلك ببساطة أن معالجة الضعف ربما لا تكون أو ملائمة أو للطلاب الموهوبين ذوي صعوبات التعلم، فالعلاج سوف يجعل المتعلمين بطريقة ما أو بأخرى أكثر مهارة،

ولكنه بالتأكيد أن تجعلهم متميزين أو متفوقين في مجال الضعف لديهم، وعلى هذا فالطلاب الذين يعاونون صعوبة الكتابة اليدوية وسوف يتحسنون بشكل كبير إذا ما سمح لهم باستخدام الكمبيوتر لتسجيل أفكارهم وطباعتها أكثر بكثير مما يمكن أن يفعلوا بعد مضي سنوات من العلاج في الكتابة اليدوية.

وفيما يلي مجموعة من المقترحات التي تزودنا بها Baum,1990 الخبيرة في شؤون الموهوبين ذوي صعوبات التعلم للمساعدة في توفير أساليب تعويضية تيسر للطلاب ذوي صعوبات التعلم الموهوبين للتكيف مع أنماط ضعفهم:

1. اكتشف وفر مصادر للمعلومات تكون أكثر ملاءمة للطلاب الذين ربما يكون لديهم صعوبات قرائية مثل الزيارات، المقابلات ، الصور، الأفلام ، المحاضرات، التجارب، تذكر أن هؤلاء الطلاب لا يريدون أن يكون المنهاج اقل صعوبة وتحديا وإنما يحتاجون إلى طرق بديلة للحصول على المعلومات والتزود بها.

2. وفر بأسلوب منظم للحصول على المعلومات والتواصل بها فالطلاب الذين يواجهون صعوبة في تنظيم وإدارة الوقت سوف يستفيدون من الحصول على خطوط عريضة عن المحاضرات الصفية ومرشد للدراسة، ومخطط للموضوعات التي سيتم تغطيتها، علم الأطفال الذين يعانون صعوبات في تحويل أفكار منظمة على كيفية استخدام التفتيق الذهني لنوليد خطوط عريضة وتنظيم الأفكار في ضوء جدول زمني يتناسب وإنجاز خطوات المهمة مع وضع تاريخ محدد لإنجاز المهمة بشكل نهائي.

3. استخدام التكنولوجيا لتعزيز وتطوير الإنتاجية، فالتكنولوجيا توفر طرقا فعالة على صعيد تنظيم المعلومات، فهي تزيد الدقة في الرياضيات والتهجئة، وتسمع للطلاب ذوي صعوبات التعلم بالأشراف على العمل والقيام به.

4. وفر وقدم مجموعة من البدائل للتواصل أو لتوصيل الأفكار، فالكتابة ليست هي الطريقة الوحيدة للتواصل والتعبير، إذ أن ثمة أشكالا أخرى كالشرائح ، والنماذج والخطابات ، والتمثيل، والصور ( الجداريات) وتصوير الأفلام، تذكر عند تقديم هذه الخيارات للطلاب إن تبديل الطريقة أو الأسلوب يجب أن يكون القاعدة أكثر منه الاستثناء.

5. ساعد الطلاب الذين يعانون مشكلات في الذاكرة قصيرة المدى على تطوير استراتيجيات، للتذكر استخدم فن الاستظهار لتقوية الذاكرة، وبخاصة تلك التي يبتكرها الأطفال أنفسهم ، ولا تنس إن تشجيع أساليب مساعدة الطلاب على تطوير قدراتهم واستراتيجياتهم في مجال الوعي المعرفي Metacomgnition هي أحدة الطرق الواعجة لعمل مع الموهوبين ذوي صعوبات التعلم Brody & Mills, 1997

6. يجب اقتراح بدائل لطرق التقييم مثل الامتحانات غير المحكومة بوقت محدد أو الامتحانات الشفوية ، كما يمكن استخدام الأساليب المتعددة الحواس أيضا.

7. يمكن تعزيز الحماسة والدافعية للتعلم بمساعدة هؤلاء الطلاب على أن يأخذوا على عاتقهم مسؤولية التعلم وذلك بتعريضهم لطرق جديدة

ومشوقة للاستكشاف والتعلم ، وأساليب التقييم الذاتي وتزيدهم بالتعلم التجريبي، وتعريضهم لمدى واسع من الموضوعات لتشجيع اهتمامات جديدة ومساعدتهم على استكشاف مواقع المعلومات.

8. تشجيع الطلاب على الوعي بنقاط ضعفهم وقوتهم: من الضروري للطلاب الموهوبين وذوي صعوبات التعلم أن يفهموا أو يعوا نقاط ضعفهم ومواطن قوتهم ليتمكنوا من تصور خيارات ذكية لمستقبلهم ، إن عقد جلسة للطلاب لان يناقشوا احباطاتهم ويتعلموا مع الخليط الواسع من القدرات أو الصعوبات التي يعانونها وذكر نماذج لرجال ناجحين من ذوي صعوبات التعلم الموهوبين سوف يمنحهم الثقة والإحساس بقدرتهم على أن ينجحوا مثلهم.

## الخلاصة

- لم تختلف معظم الدراسات والبحوث التي تلت دراسات (تيرمان) و ( هولنجروث) وغيرها على اختلاف الأطر الثقافية التي أجريت فيها ، والأدوات العقلية المعرفية المستخدمة، والمراحل العمرية التي شملتها هذه الدراسات – في نتائجها اختلافا بينا عما انتهت إليه هاتين الدراستين مما يشير إلى هذا الاعتقاد له ما يبرزه نظريا وتطبيقا.
- يحتاج ثنائيو غير العادية لأنشطة تشخيصية وتقويمية وعلاجية غير عادية تجمع بين العلاج والتنمية (Hammond & Higgins, Nielsen ومن المسلم به أن الطبيعة هذه الأنشطة ومحتواها يتوقف على أنماط جوانب التفوق العقلي أو القوة لديهم من ناحية، وأنماط صعوبات التعلم أو جوانب الضعف لديهم في ذات الوقت من ناحية أخرى.
- مع تعقد وتداخل جوانب هذه الظاهرة ، وتعقد وتداخل أبعادها ، فإننا نرى أن التحليل الكيفي للآداءات المعرفية لهؤلاء الطلاب – ثنائيي غير العادية – يمكن أن تسهم في الكشف عنهم وتحديدهم، وان الاقتصار على التحليل الكمي يمكن أن يحول دون ذلك ، بسبب خاصية التقنيع أو الطمس التي سبق أن أشرنا إليها.
- يؤكد مركز رعاية وتنمية المتفوقين بالولايات المتحدة الأمريكية على وجود عدد من المحددات والحقائق تحكم الثراث السيكولوجي للمتفوقين عقليا و المتفوقين عقليا ذوي صعوبات التعلم.

- يمثل الطلاب المتفوقين عقليا ذوو صعوبات التعلم مجموعة مهمة من الطلاب الذين لا يجدون أي نوع من الرعاية أو التقدير، أو الخدمات النفسية والتربوية الملائمة Cline, 1999 فالتركيز على ما لديهم من صعوبات تستبعد الاهتمام بالتعرف على قدراتهم المعرفية غير العادية وتجاهلها وعى ذلك فمن غير المتوقع أن نجد انحرافا discrepancy بين الإمكانيات الأكاديمية لهؤلاء الطلاب وأدائهم الفعلي داخل الفصول المدرسية.

- لكي نصل بالإمكانات العقلية لهؤلاء الطلاب إلى مستواها المتوقع يتعين التعرف عليها والكشف عنها وتحديد طبيعتها ورعايتها، وفي نفس الوقت التعرف على صعوبات أو اضطرابات التعلم لديهم ، في إطار المحددات الملائمة لكل من وجهي غير العادية أو ثنائية غير العادية Dual exceptionalities.

- إن تحديد التفوق أو الموهبة لدى الطلاب ذوي صعوبات التعلم ينطوي على إشكاليات ليست هينة ، فأساليب التعرف أو التحديد العادية القائمة على الاختبارات المقننة، وقوائم ملاحظات تقدير الخصائص السلوكية ليست كافية ، ربما تكون غير ملائمة دون تعديل جوهري يتناول محدداتها.

- مجتمع المتفوقون عقليا ذوو صعوبات التعلم مجتمع يستعصي على التحديد أو التعرف من خلال معايير الاختبارات المقننة العادية، إضافة إلى مشكلات المقارنة والصعوبات المنهجية الاخرى.

**تتعدد فئات المتفوقين عقليا ذوي صعوبات التعلم أي التفوق العقلي المقترن بالصعوبات لتشمل الفئات التالية:**

- التفوق العقلي مع قصور أو اضطرابات أو صعوبات التجهيز البصري.
- التفزق العقلي مع قصور أو اضطرابات أو إعاقة بدنية.
- التفوق العقلي مع قصور أو اضطرابات صعوبات سمعية.
- التفوق العقلي مع قصور أو اضطرابات صعوبات تعلم.
- المتفوقون عقليا ذوو الضجر أو السأم أو الملل المزعجون.

* لكي نوفر مزيدا من الضمانات والضوابط التي تساعد في تحديد المتفوقين عقليا ذوي صعوبات التعلم ورعايتهم، يجب أن نحدث تعديلا في أساليب ومداخل المربين والممارسين التي يستخدمونها مع هؤلاء الطلاب من حيث: التعريف أو التحديد / التدريس/ ديناميت التعامل معهم داخل الفصول المدرسية.

**برامج التدخل والتعامل مع المتفوقين عقليا ذوي التفريط التحصيلي**

تشير الدراسات والبحوث التي أجريت حول برامج ومداخل وأساليب التعامل والمعالجة مع المتفوقين عقليا ذوي التفريط التحصيلي إلى أن اكثر هذه البرامج والمداخل نجاحا في استفادة أنماط التفريط التحصيلي يجب أن تعالج هذه المشكلة السلوكية من خلال ثلاث قوى أو أبعاد دينامية هي:

أ. الرسائل الاجتماعية أو التفاعل الاجتماعي بين كل من المدرسين والأقران من ناحية والطالب من ناحية أخرى والتي تشجع أو تعوق

إقبال الطالب على التحصيل الدراسي والإنجاز الأكاديمي بوجه عام (Purkrey, 1984 ).

ب. مدى ملائمة كل من المناهج أو المقررات الدراسية وطرق أو أساليب التدريس والتي تناسب أسلوب تعلم الطالب ومستوى أدائه.

ج. هذه التدخلات العلاجية تخلق عوامل إيجابية لإعادة تشكيل السلوك التحصيلي للطالب.

والبرامج الملائمة للمتفوقين عقليا ذوي التفريط التحصيلي يجب أن تتم من خلال ثلاث مجالات حاسمة هي:

أ. فهم الذات من حيث طبيعتها والمشكلات المرتبطة أو المتعلقة بكون الفرد متفوقا عقليا.

ب. الأساليب التكيفية أو التراكمية التكيفية التي تمكن الطالب من التقبل والتكيف مع الصراعات الاحباطات التي تنشأ عن الانحراف الدال بين القدرات المعرفية ( الأداء المتوقع) ومستوى الأداء ( الأداء الفعلي).

ج. تهيئة وتطوير نمو صحي healthier وواقعي لمفهوم الذات وفي ضوء ما تقدم تم استخدام برنامجين مع المتفوقين عقليا ذوي التفريط التحصيلي استهدافا تفعيل وتنشيط دافعيتهم وتجسين ورفع مستواهم الأكاديمي.

**ويسمى البرنامج الأول منهما  Bibliography technique :**

وهو محاولة لدعم وحفز استثارة الصحة العقلية والنفسية للطالب من خلال استخدام قراءة المواد المعبرة عن الحاجات fulifl needs والتي تخفف من الضغوط وتساعد على النمو الصحي السوي له كما يستهدف هذا البرنامج تعديل السلوكيات غير المرغوبة وتحسين نمط التفكير ليكون ايجابيا وصحيا وعقلانيا.

ويستخدم هذا التكتيك في المواقف التي يبدي فيها الطالب أداء منخفضا على الاختيارات اقل المستوى المتوقع في القراءة أو اللغة أو في الرياضيات أو أن يكون أداؤه أفضل للمواد أو الموضوعات التي تستثير اهتمامه ( Kyung – Won (a) 1990 ) .

## أما البرنامج الثاني استخدم مع المتفوقين عقليا ذوي التفريط التحصيلي يسمى Mentor program:

حيث يعمل أحد الأفراد المتخصصين في مجال معين بطريقة فرد لفرد لمساعدته على أداء عمله اليومي وتذليل أية صعوبات أو معوقات خارجية تعترض إنجازه الأكاديمي المستهدف.

وقد أتضح من خلال الممارسة العملية لهذا البرنامج أن الطلاب المتفوقين عقليا ذوي التفريط التحصيلي يبدون أداء أكاديميا ومعرفيا افضل يتعاملون مع شخص تربطهم به علاقة على النحو الذي أشرنا إليه.

كما وجد أن هذا التكنيك يرفع من التحصيل الدراسة والمستوى الأكاديمي بوجه عام يحسن مهارات الدراسة والمذاكرة ويخفض من نسب أو

معدلات الغياب خلال إبراز الدور اليومي الذي يلعبه هؤلاء الطلاب في البرنامج المدرسي اليومي .( Kyung – Won (a) 1990)

ويمكن تطبيق هذه البرامج وغيرها بفعالية اكبر مع ذوي التفريط التحصيلي داخل فصول مزودة بكافة المصادر العلمية والعملية التي تشجع هؤلاء الطلاب على الإنجاز التحصيلي والأكاديمي.

وعموما بغض النظر عن محتوى البرامج فإن هناك ستة مكونات برامجية تجمع بين مسؤوليات متعادلة لكل من الطالب والمدرسة والأسرة والأقران نتناولها هنا على النحو التالي:

**يجب على المدرسين أن يتقبلوا الحقائق القائلة:**

- أن الطالب المتفوق عقليا لا يريد أن يكون من ذوي التفريط التحصيلي أو أن يكون فاشلا.
- أن الطالب لديه تقدير ذات منخفض، وحاجات نمائية بنائية وتراكمية تتطلب أن يتوافق مع مهاراته بما تنطوي عليه من جوانب قوة وجوانب ضعف.
- أن هذا الطالب بحاجة إلى فهم ذاته على النحو الصحيح.

**المنهج :**

**يجب أن يكون المنهج:**

- مثيرا للتحدي ، وله معنى شخصي أو ذا دلالة بالنسبة للطالب.
- قائما على تعزيز السلوك المرغوب للطالب ذي التفريط التحصيلي.

- متوازنا يجمع بين المهارات الأساسية للنمو.

- مثيرا لفضول الطالب واستطلاعه وميله للاكتشاف ، ومن خلال موضوعات متنوعة للآداب والعلوم.

- مرتبطا بالمهن المختلفة التي تستثير دافعية الطالب وحوافزه.

- وبصورة عامة يجب أن يكون جميع خبرات التعلم مصممة لتعظيم وتفعيل عناصر التحدي والنجاح والتفوق.


**طرق التدريس:**

**يجب أن تكون طرق التدريس وأساليبه:**

- قائمة على الحد ما أمكن من الاعتماد على التذكر اللفظي وتفعيل الممارسة والأنشطة.

- وان تعطي الفرصة للبحث والتعمق والاكتشاف والابتكار أو الإنتاج الابتكاري القائم على البحث العلمي والعملي.

- أن تكون أنشطة التعلم ذاتية التوجيه أو قائمة على التعلم الذاتي النشط.

- أن تكون المناخ الاجتماعي السائد داخل الفصل مثيرا وجذابا وممتعا وسارا أو مبهجا على المستوى الشخصي، خاليا من عوامل الكبت والضغط والإحباط.

**جماعة الأقران:**

**يجب أن تشمل جماعة الأقران في الفصل الدراسي:**

- عددا من الطلاب المتفوقين ذوي التحصيل المرتفع ، وعددا آخر من المتفوقين ذوي التفريط التحصيلي كي تكون المنافسة منطقية وطبيعية وذات معنى.

**الخدمات التربوية:**

**يجب أن تقدم الخدمات التربوية الخاصة:**

للطلاب الذين يحتاجونها كالتدريس العلاجي أو الإرشاد النفسي الجمعي وكذا الخدمات الصحية والإرشاد الأسرى الذي يتناول الآباء والمربين والمدرسين وغيرهم.

**البرامج المستخدمة:**

**يجب أن تقوم البرامج المستخدمة على :**

تفعيل تناول المسؤولية والمشاركة بين الأطراف أو القوى الثلاث المؤثرة وهي : الطالب والمدرسة والأسرة، وبما تنطوي عليه المحددات النفسية والاجتماعية والفيزيقية لكل طرف من هذه الأطراف الثلاثة بصورة تضامنية تتناول التأثير والتأثر.

## تحديد ذوي صعوبات التعلم المتفوقين عقليا

من الصعب أن نصف أو نحدد قائمة بخصائص ذوي صعوبات التعلم المتفوقين عقليا، بسبب تباين أنماط كل من التفوق العقلي من ناحية ، وتباين أنما

صعوبات التعلم من ناحية أخرى ، فضلا عن التباين الشديد للأنماط المشتقة أو الناشئة عن تفاعل التفوق العقلي على اختلاف أنماطه ، مع صعوبات التعلم على اختلاف أنماطها هي الأخرى.

والمشكلة الكبرى التي تواجه قضية التحديد أو التعرف- تحديد وتعريف المتفوقين عقليا ذوي صعوبات التعلم - هي مشكلة الطمس أو التقنيع masks or inhibits بمعنى إن التفوق العقلي يمكن ان يطمس أو يقنع الصعوبة، فلا تعبر الأخيرة عن نفسها وتستعصي على الظهور، كما أن صعوبات التعلم يمكن أن تطمس أن تقنع التفوق العقلي فتخبو مظاهر التفوق، ويصبح من الصعوبة الحكم على ما إذا كان هؤلاء الأشخاص - المتفوقون عقليا ذوو صعوبات التعلم - لديهم القدرات أو الإمكانيات العقلية التي من خلالها يمكن تقرير تفوقهم العقلي ، أو أن الصعوبات التي من خلالها يمكن تقرير أن لديهم صعوبات التعلم.

وبعض جوانب الضعف التي يمكن ملاحظتها تتكرر أكثر من غيرها لدى هؤلاء الأطفال ومن أمثلة ذلك:

سوء الخط أو الكتابة اليدوية- ضعف أو صعوبات التهجي - ضعف أو اضطراب القدرة التنظيمية Oeganizational ability صعوبة استخدام أو اشتقاق الاستراتيجيات الملائمة لحل المشكلات .

كما أن بعض جوانب القوة تتكرر ويمكن ملاحظتها أكثر من غيرها لدى هؤلاء الأطفال مثل:

التحدث أو الكلام الشفهي – فهم وتحديد وإدراك العلاقات- معاني المفردات أو القاموس اللغوي للطالب – معرفة شاملة بالمعلومات المرتبطة بالعديد من الموضوعات والقضايا.

وعموما يمكن تقرير أن عمليات التفكير والاستدلال أقل قابلية للاضطراب لدى المتفوقين عقليا ذوي صعوبات التعلم وهي غالبا فعالة وذات كفاءة .

ولكي العمليات التي تحدث لها اضطراب عاجة لدى هؤلاء الطلاب هي تلك العمليات المتعلقة بميكانيكية الكتابة والقراءة ، وإجراء العمليات الحسابية والرياضية ، وإكمال أو استكمال المهام الأكاديمية واختيار أو اشتقاق الاستراتيجيات الأكثر فعالية في حل المشكلات.

وعلى ضوء ماتقدم من تداخل كل من أنماط التفوق العقلي ومحدداتها ، مع كل من أنماط صعوبات التعلم ومحدداتها، تصبح قضية التعرف على المتفوقين عقليا ذوي صعوبات التعلم وتحديدهم من القضايا الشائكة ، التي تحتاج إلى درجة عالية من اليقظة والحذر والخبرة والممارسة العملية.

ولكي نتعرف على الأطفال أو الطلاب ذوي صعوبات التعلم المتفوقين عقليا مراعاة مايلي:

- الحصول على أكبر قدر متنوع من المعلومات المتعلقة بالطالب موضوع التقويم من حيث نشأته ، وتكوينه، وتاريخه الدراسي أو المدرسي ، وخبرات النجاح والفشل في حياته.

- عمل (بروفيل) لقدرته أو أستعداداته العقلية وتحديد المجالات أو التي تستثير اهتمامه ودافعيته وكذا تلك التي تستثير لديه الضجر والملل والإحباط .

- تقديم تحليل عميق لمختلف جوانب القوة والضعف لديه ويجب أن يشتمل هذا التقويم تطبيق لعدد من اختبارات الذكاء الفردية individual intelligence والاختبارات التحصيلية التشخيصية وتقويم النواتج المعرفية والابتكارية التي تصدر عنه بواسطة خبراء متخصصين.

- تقويم السلوك الاجتماعي للطالب مع الآخرين ، وتشمل ذلك الأسرة والمدرسين والأقران، مع الآخذ في الاعتبار حكم جماعة الأقران على قدرة الطالب على القيادة أو الزعامة، ورؤية الآباء والمدرسة وملاحظاتهم على التفاعلات التي تحدث معهم ، ومختلف النواحي الأخرى : المعرفية والمهارية والحركية والادراكية.

### عمل تقديرات أو تقويمات تتبعية لمختلف أداءات الطالب على :

التعرف على حجم الانحراف بين القدرة والأداء أو بين الأداء المتوقع والأداء الفعلي على مختلف الأنشطة العقلية المعرفية والمهارية والادراكية.

والجدير بالذكر أن الانحراف الدال بين القدرات والأداء أو بين الأداء المتوقع والأداء الفعلي يضعنا في قضية أكثر تعقيدا، وهي قضية التداخل بني صعوبات التعلم والتفريط التحصيلي - تلك التي أشرنا إليها آنفا فكلاهما : صعوبات التعلم والتفريط التحصيلي يعتمدان على محاك التباعد بين الأداء المتوقع والأداء الفعلي.

## ثانيا- مرحلة التقويم أو التقديرات والحكم:

بعد جمع أكبر كم ممكن من المعلومات المتعلقة بالفرد موضوع التقويم يجب تشكيل هيئة أو لجنة للتقويم والحكم ، بحيث تشمل هذه اللجنة الأفراد الذين يمثلون أطرافا أو أدوارا لها دلالة في حياة الفرد، هؤلاء هم:

- المدرسون .
- الأخصائيون النفسيون أو أخصائيو القياس النفسي.
- الآباء (الأب وألام) أو أولياء الأمور.
- الموجهون أو المشرفون أو مدير أو ناظر أو وكيل المدرسة.

وتعرض على جميع أفراد هذه اللجنة كافة المعلومات التي تم جمعها لدراستها وتحليلها وتقويمها، ثم تقرير ما إذا كان القدرات أو الإمكانات العقلية للطلبة قوية وعالية بصورة تكفي لإصدار الحكم بتفوق الطالب ، أو أنها لا ترقى لإصدار وتقرير هذا الحكم ، وكذا ما إذا كانت جوانب الضعف ملموسة إلى الحد الذي مكن معه الطالب لديه واحدة أو اكثر من صعوبات التعلم.

وهذه المرحلة - مرحلة التقويم أو التقرير والحكم - على درجة عالية من الأهمية ، مع الأخذ في الاعتبار أفضل أو ابرز ميول واهتمامات الطالب وتفضيلات المعرفية والانفعالية والدافعية.

# قائمة المراجع

1- الخطيب، جمال، الحديدي، منى، مدخل إلى التربية الخاصة، مكتبة الفلاح 1997م.

2- د. سرطاوي زيدان، د. سرطاوي عبد العزيز، صعوبات التعلم الأكاديمية والنمائية، مطابع الصفحات الذهبية 1988م.

3- الوقفي، راضي، مقدمة في صعوبات التعلم، المركز الوطني لصعوبات التعلم، عمان 1996م.

4- الوقفي راضي، تقييم الصعوبات التعلمية، مختارات معربة المركز الوطني لصعوبات التعلم. عمان 1996م.

5- قطناني ، هيام (2003) . الموهوبون ذوو صعوبات التعلم . مجلة صعوبات التعلم، العدد (1) ص (12-16) .

6- الزيات، فتحي (2002) . المتفوقون عقليا ذوو صعوبات التعلم قضايا التعرف والتشخيص والعلاج. سلسلة علم النفس المعرفي وصعوبات التعلم (7) .

7- الغزو، عماد (2002) . صعوبات التعلم لدى الطلاب الموهوبين تشخيصها وعلاجها. المؤتمر العلمي الخامس (تربية الموهوبين والمتفوقين المدخل إلى عصر التمييز والإبداع ). ص ( 265-290).

T0157523

Printed in the United States
By Bookmasters